大きな文字で
わかりやすい

小学生で習う漢字1026字

1年
80字

この漢字の本は、小学校で学ぶ漢字1026字を大きなわかりやすい文字で掲載し、形や読み、使い方が覚えやすいように配慮した漢字の見本帳です。

1年～6年の各学年の配当別に漢字を紹介する巻と、索引巻の全7巻構成です。

漢字の本の引き方

本書の漢字は、音読みの五十音順に掲載しています。ページ内の読みの掲載順は、訓読みを先、音読みを後にしています。これは、訓読みのほうが和語で漢字の意味がわかりやすく、覚えやすいという配慮からです。引きにくいかもしれませんが、ご了承ください。

漢字の掲載巻・掲載ページにたどりつけないときは、索引巻の中の「音訓索引」を参照してください。

ページの見方

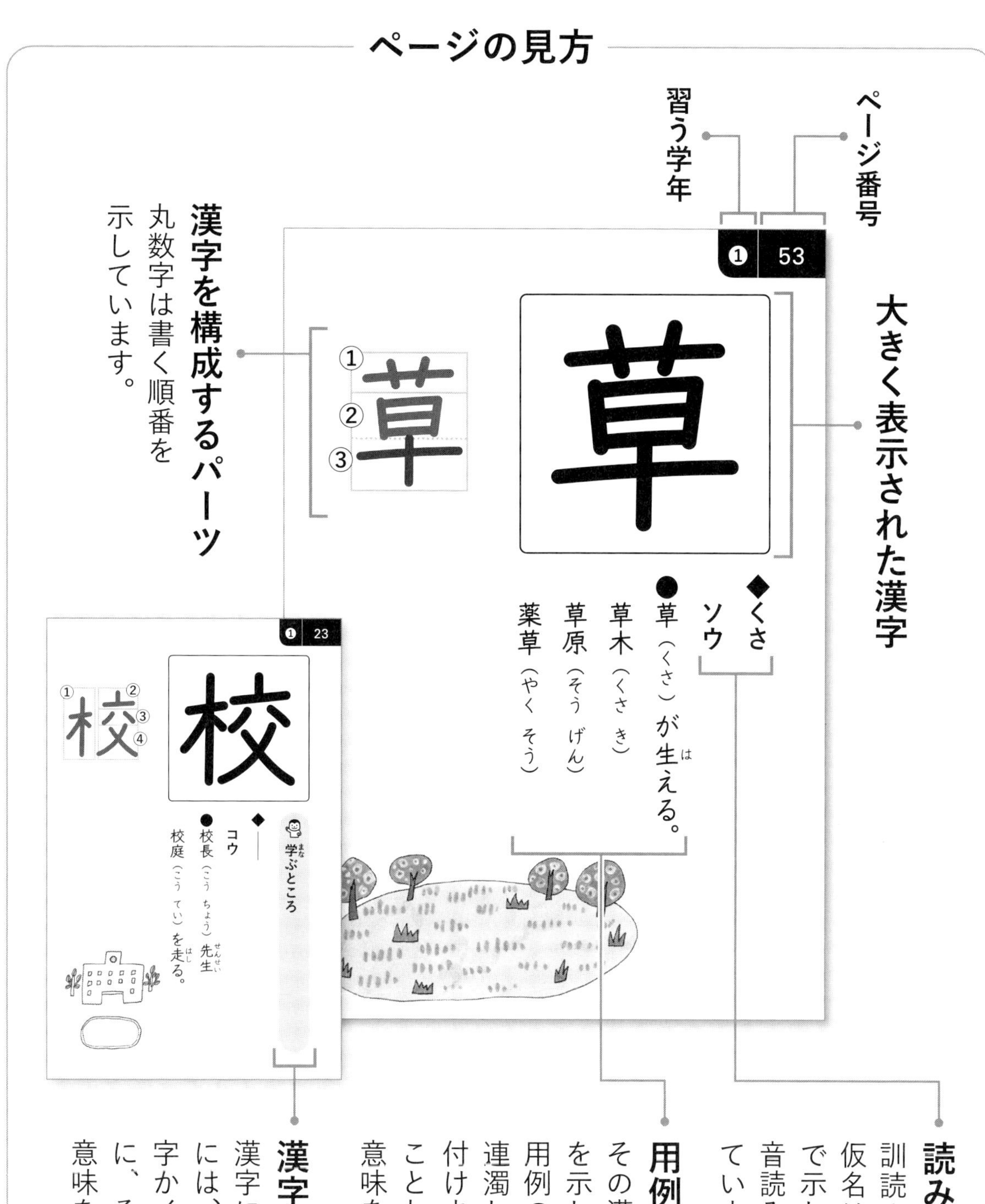

読み
訓読みは、ひらがな（送り仮名は「─」以下の細い字）で示しています。音読みは、カタカナで示しています。

用例
その漢字を使った言葉や文を示しています。用例の読みが促音化したり連濁した箇所には「＊」を付けました。ことわざや難しい熟語には意味を掲載しています。

漢字の大元の意味
漢字に音読みしかない場合には、どんなときに使う漢字かイメージしやすいように、その漢字のもつ大元の意味を掲載しました。

1年 もくじ

◆ひと－つ、ひと

イチ、イツ

●一（ひと）つの花（はな）

一人（ひとり）で帰（かえ）る。

一年生（いちねんせい）

同一（どういつ）人物（じんぶつ）

＊一日（ついたち）

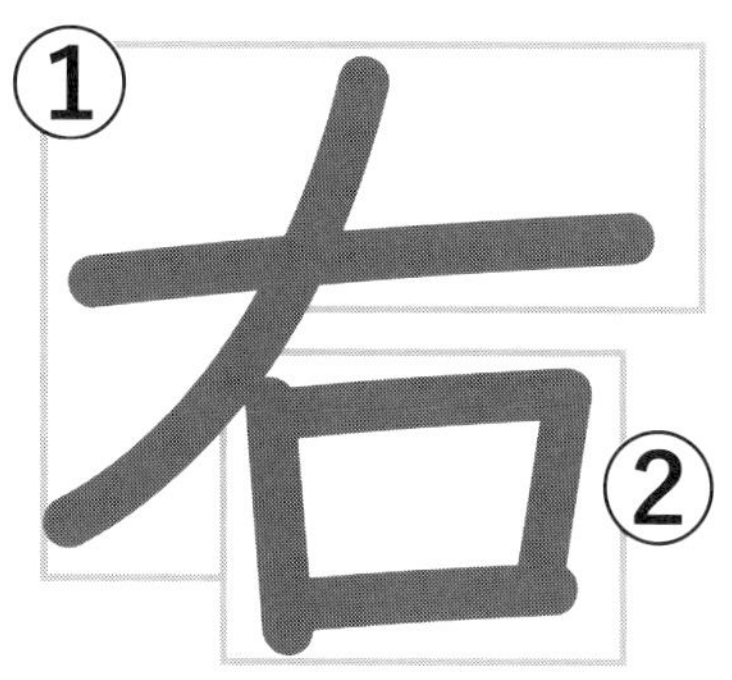

◆みぎ
ウ、ユウ
●右手（みぎ て）をあげる。
右折（う せつ）
左右（さ ゆう）

◆あめ、あま
ウ

●雨（あめ）が降（ふ）る。
雨水（あまみず）がダムにたまる。
雨天（うてん）中止（ちゅうし）

◆まる－い

エン

●円（まる）いテーブル

円周（えんしゅう）

円形（えんけい）

百円（ひゃくえん）

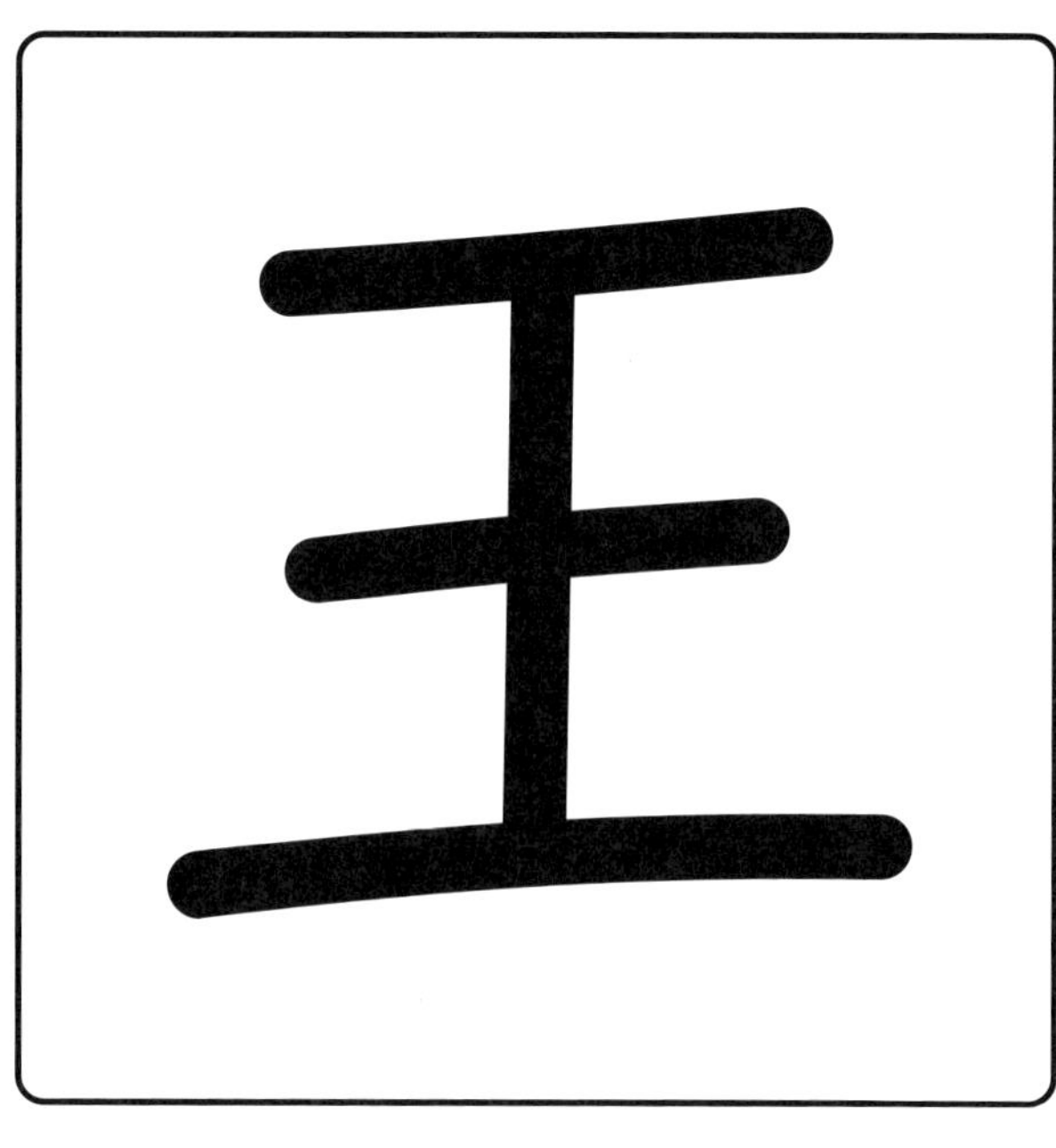

すべてをおさめる人(ひと)

◆ —

オウ

● 王様（おう さま）

エジソンは発明王（はつ めい おう）と呼(よ)ばれる。

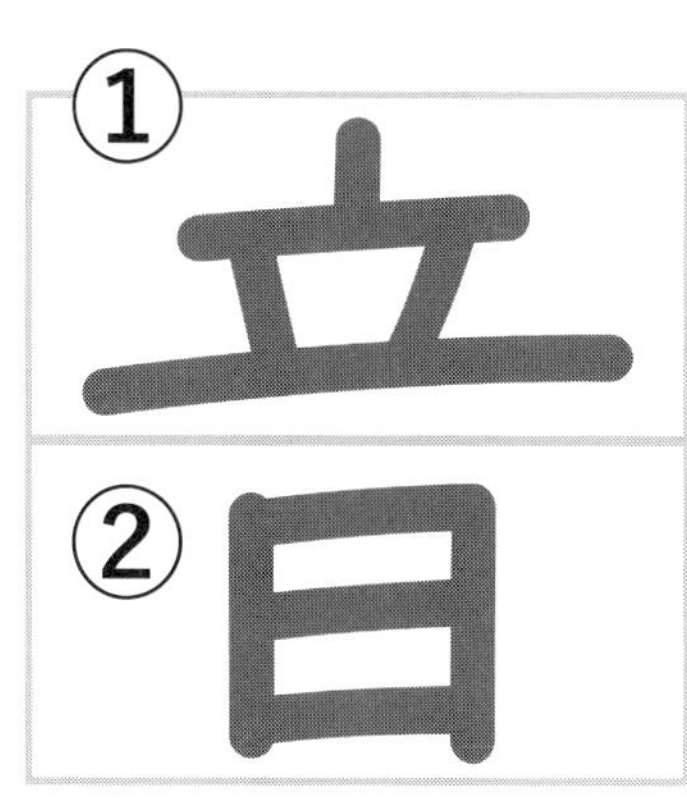

◆おと、ね

オン、イン

●だれかの足音（あしおと）がする。

ピアノの音色（ねいろ）が聞（き）こえる。

音楽（おんがく）

母音（ぼいん）

＝「ア・イ・ウ・エ・オ」の音（おと）。

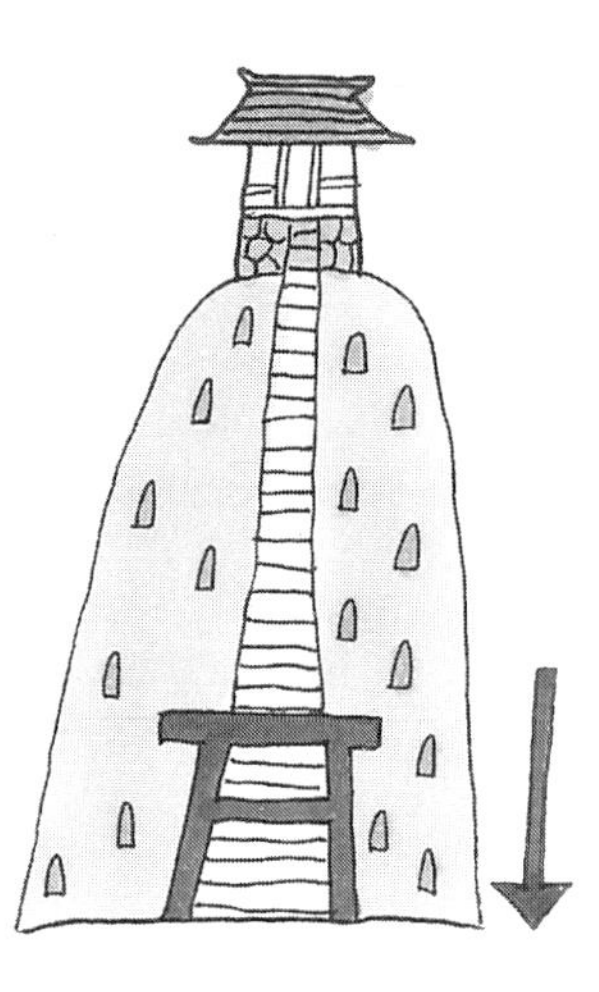

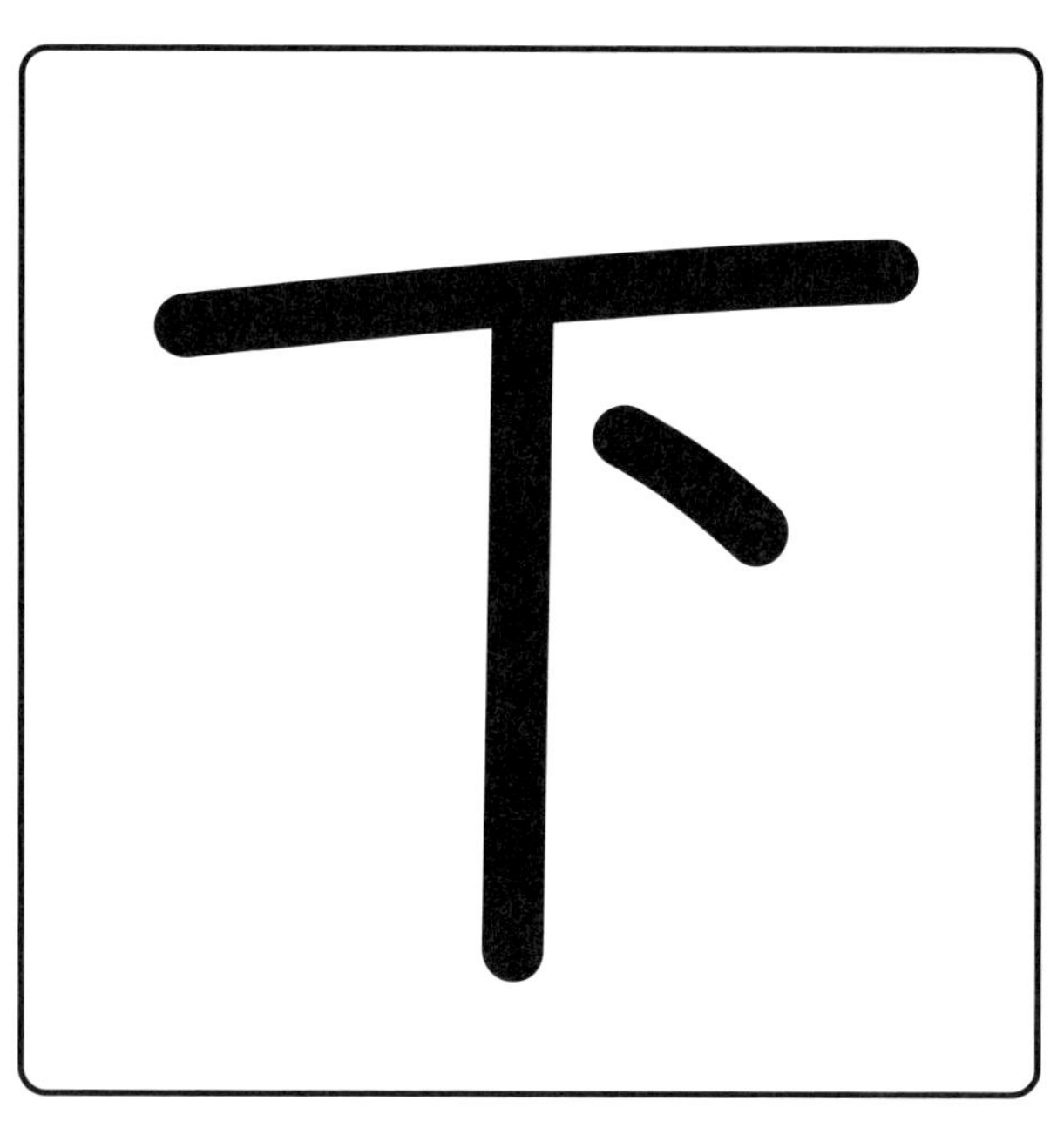

◆**した**、**しも**、**もと**、**さ**-げる、
さ-がる、**くだ**-る、**くだ**-す、
くだ-さる、**お**-ろす、**お**-りる

カ、**ゲ**

●木《き》の下（した）

川下（かわ しも）

気温《きおん》が下（さ）がる。

坂道《さかみち》を下（くだ）る。

荷物《にもつ》を下（お）ろす。

地下（ち か）

下校（げ こう）

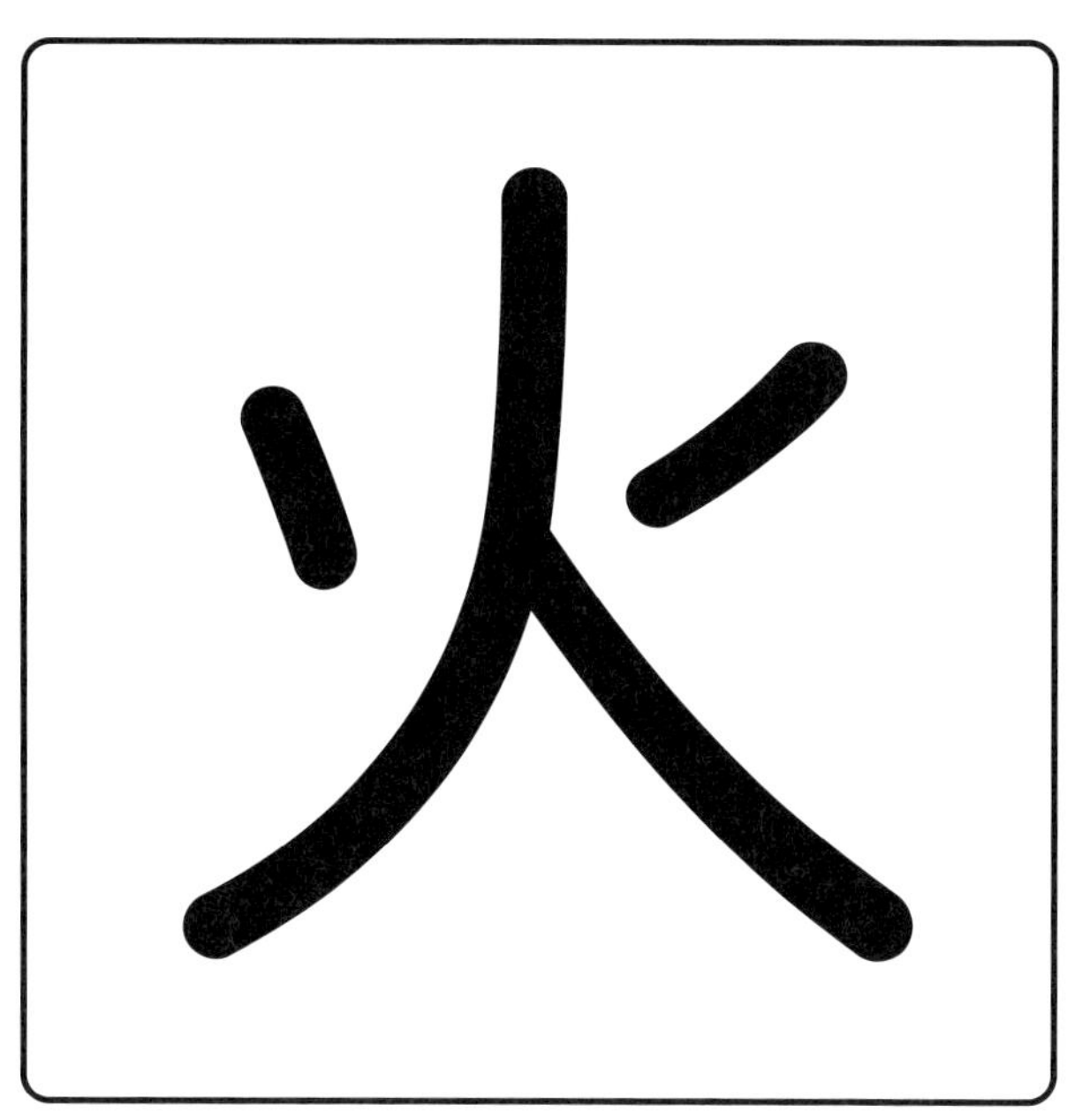

◆ひ、（ほ）

カ

●火（ひ）が燃（も）える。

花火（はなび）＊

火山（かざん）

火曜日（かようび）

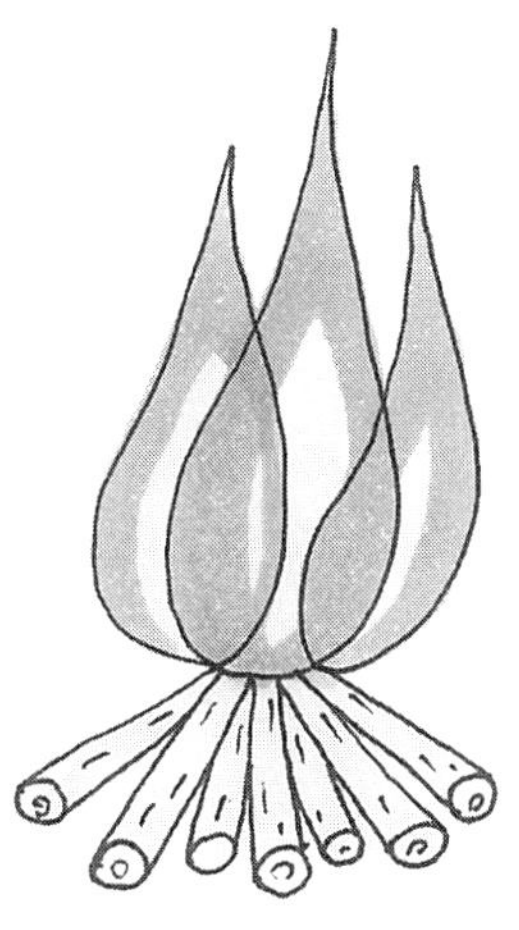

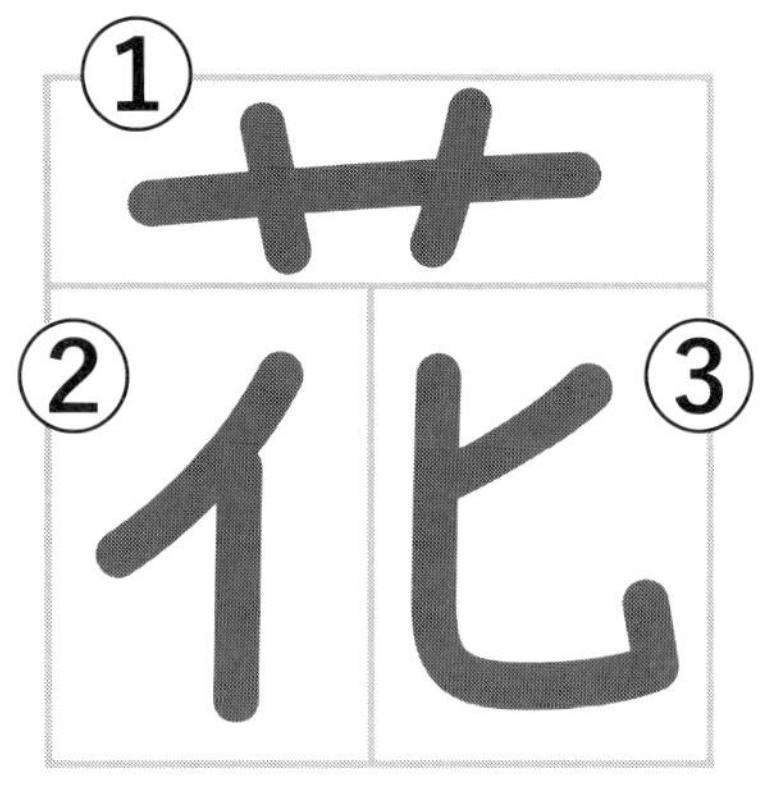

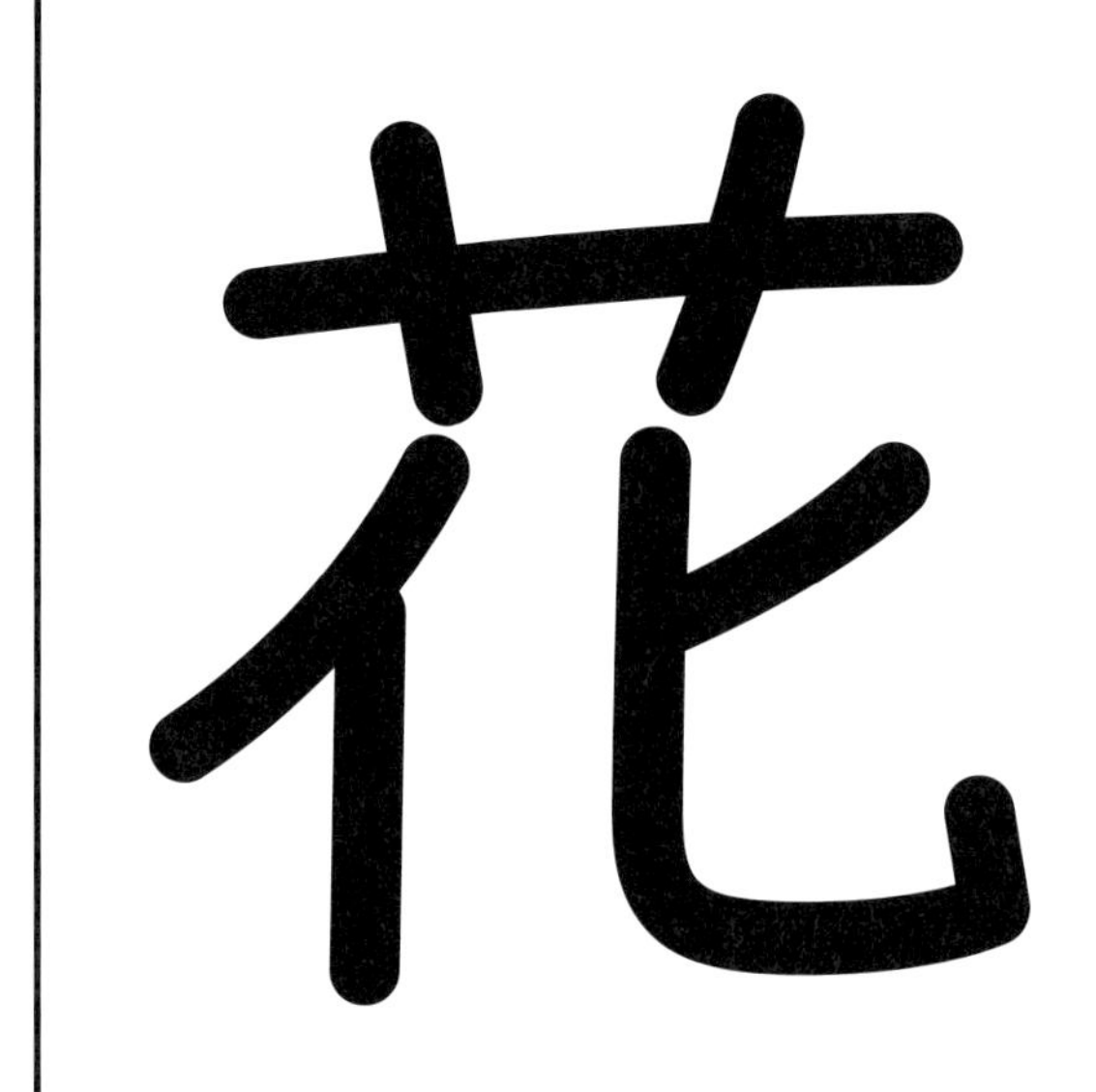

◆はな

カ

●ひまわりの 花（はな）が さく。

さくらの開花（かいか）

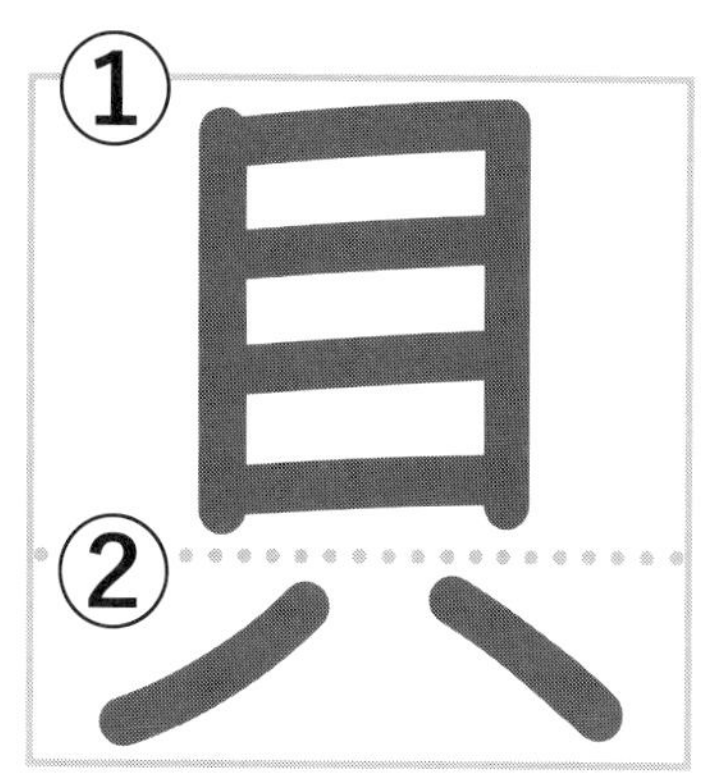

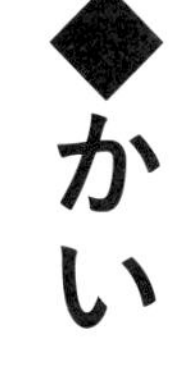

◆かい

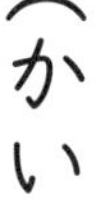

●貝（かい）がら

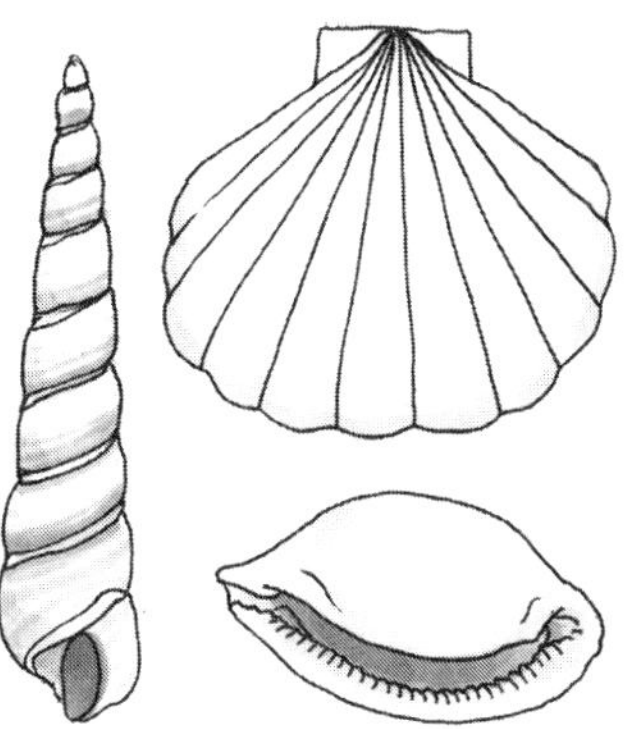

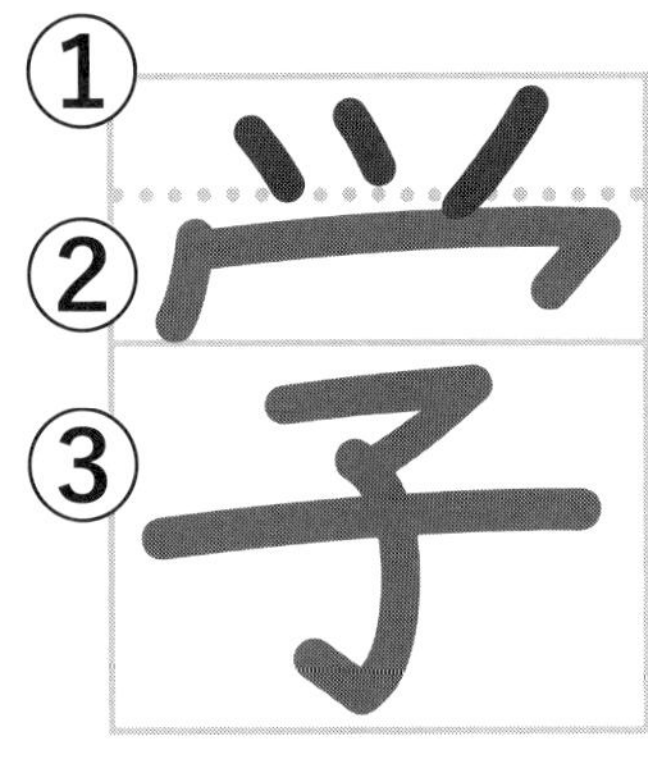

◆まな－ぶ

ガク

●漢字(かんじ)を学(まな)ぶ。

科学(かがく)

学園(がくえん)

学校(がっこう)＊

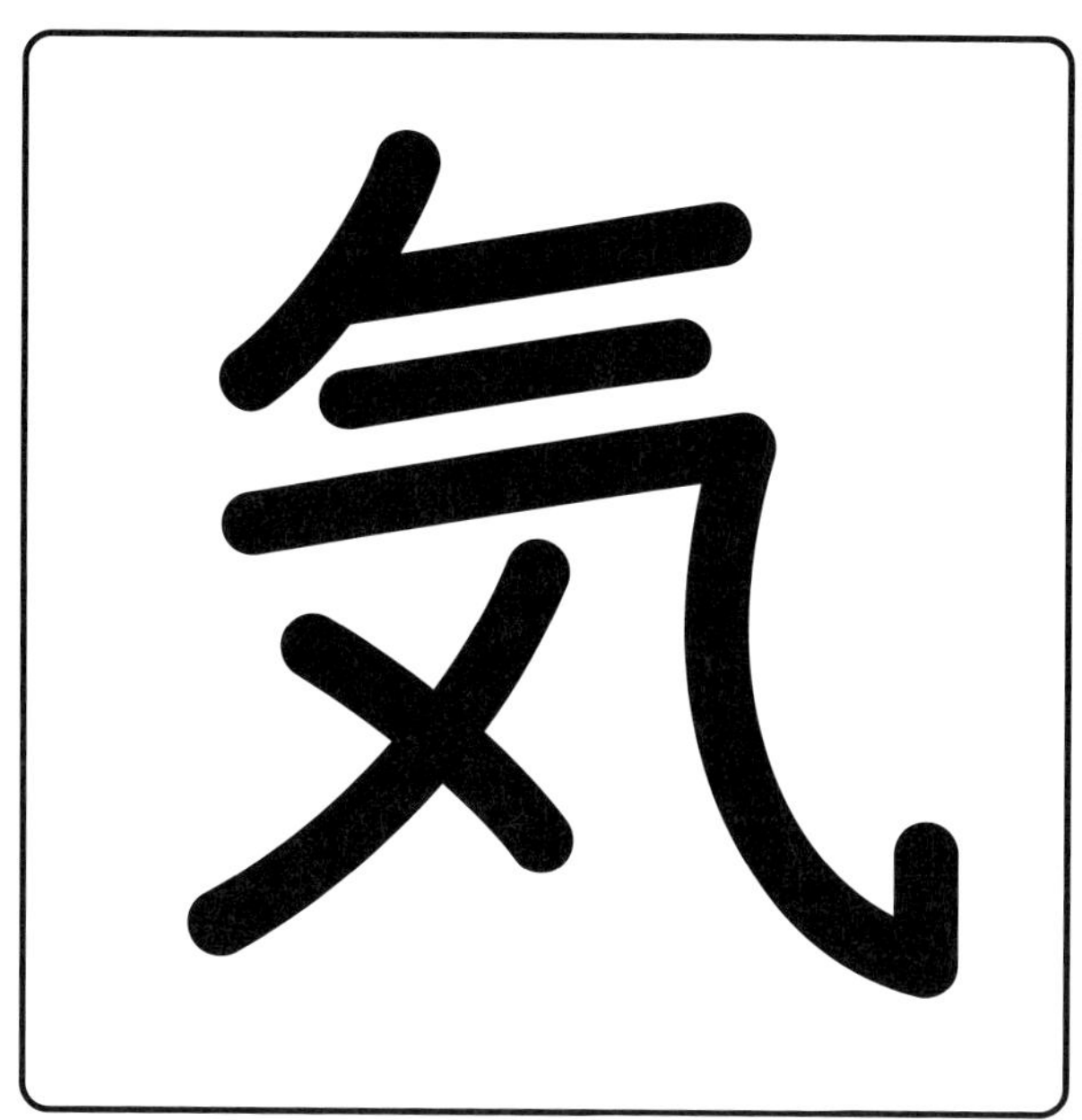

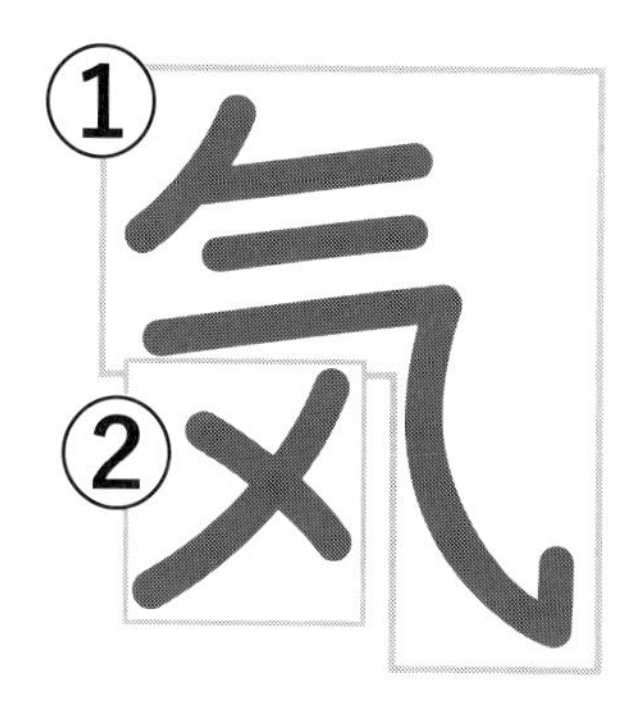

◆キ、ケ

——

●天気（てんき）

気持（きも）ち

だれかがいる気配（けはい）が
する。

気配＝なんとなく感（かん）じられる様子（ようす）。

ゆげ／くうき

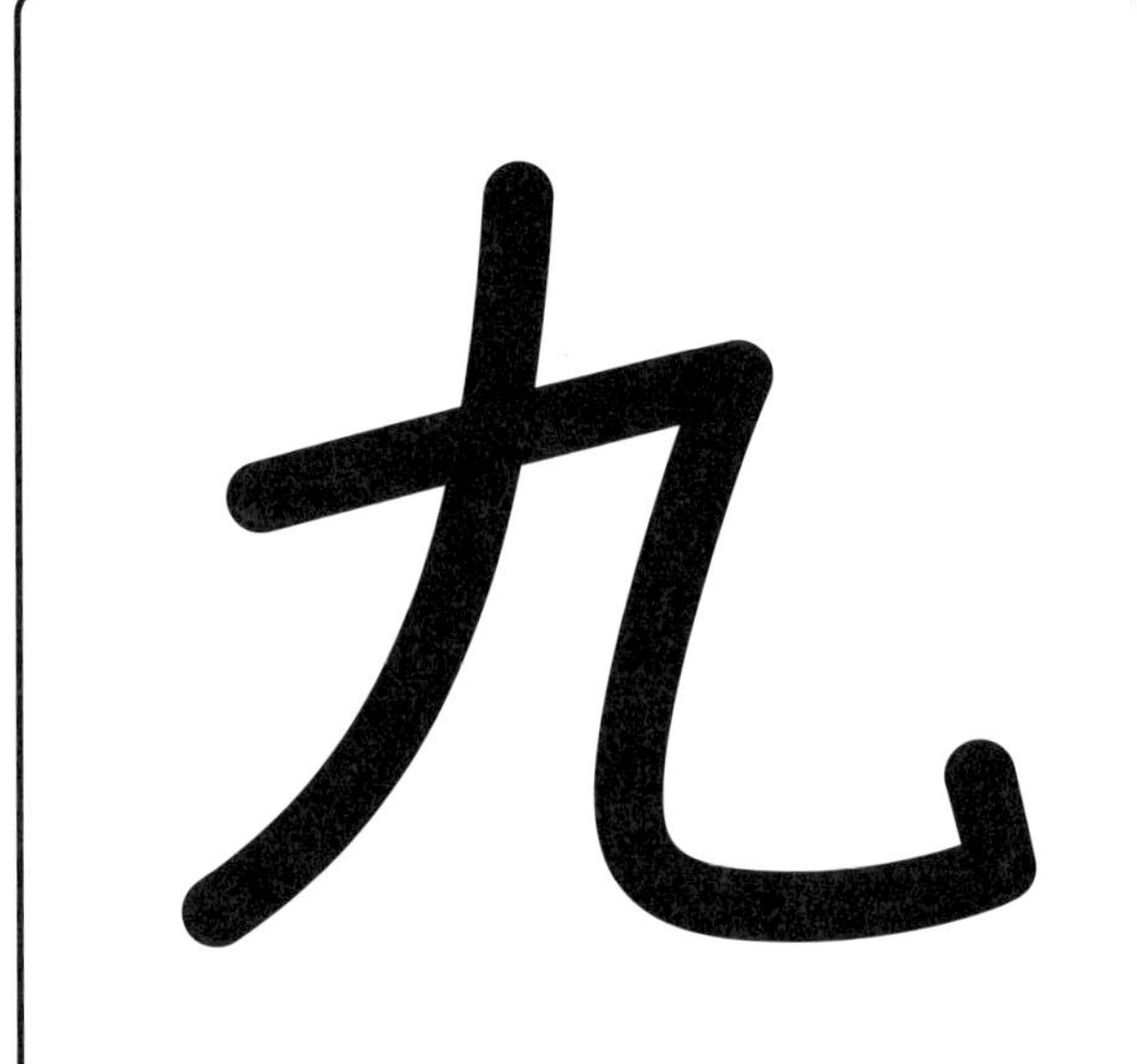

◆ここの－つ、ここの
キュウ、ク

●九（ここの）つの玉（たま）
九日（ここのか）
九州（きゅうしゅう）
九月（くがつ）

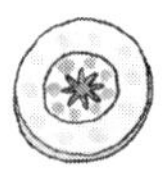
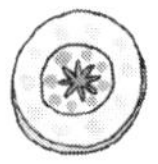

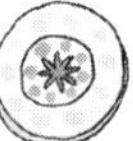
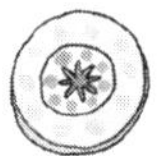
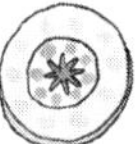

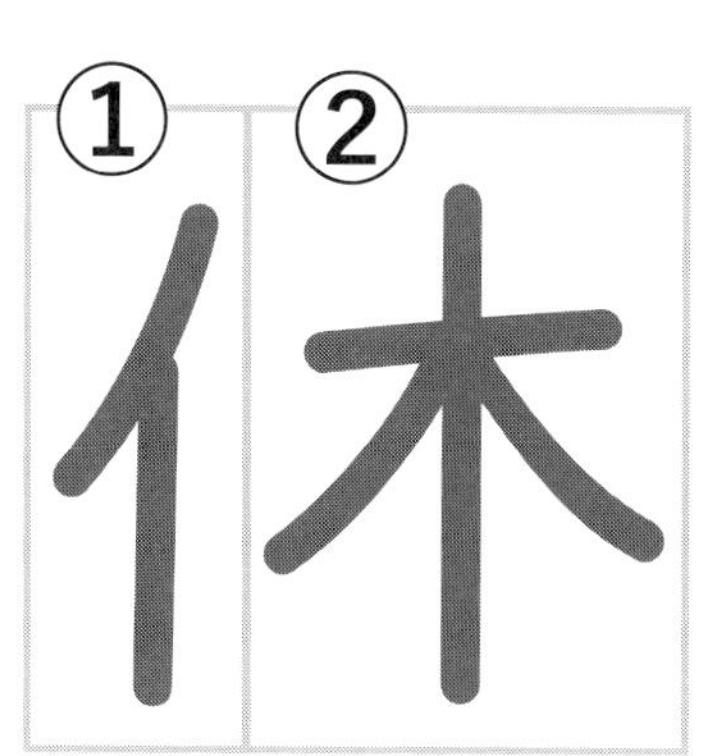

◆やす－む、やす－まる、やす－める
キュウ

●学校（がっこう）を休（やす）む。
気（き）が休（やす）まる。
体（からだ）を休（やす）める。
休止（きゅうし）
休（きゅう）けい

玉

◆たま
ギョク

●水玉（みずたま）模様（もよう）のシャツ
お年玉（としだま）＊
玉座（ぎょくざ）
＝王（おう）のすわるイス。

◆かね、かな
キン、コン

●お金（かね）をためる。
金物（かな もの）
金色（きん いろ）
金曜日（きん よう び）
黄金（おう ごん）＊

◆そら
あ－く、あ－ける
から
クウ

●青(あお)い空（そら）
席(せき)が空（あ）く。
予定(よてい)を空（あ）ける。
空（から）の箱(はこ)
空気（くうき）
空港（くうこう）

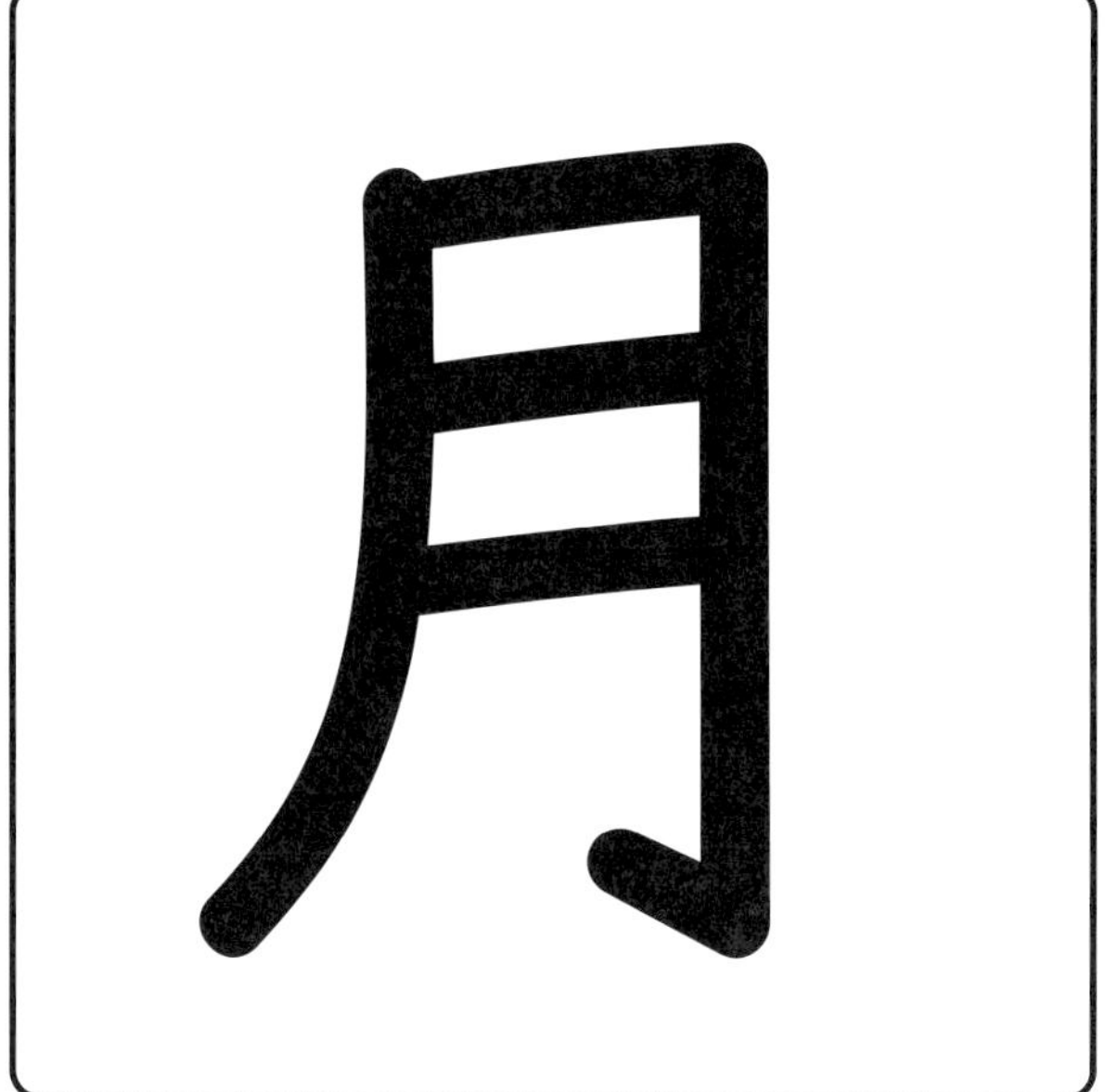

◆つき
ゲツ、ガツ

●月（つき）が出（で）る。
月曜日（げつ　よう　び）
満月（まん　げつ）
四月（し　がつ）

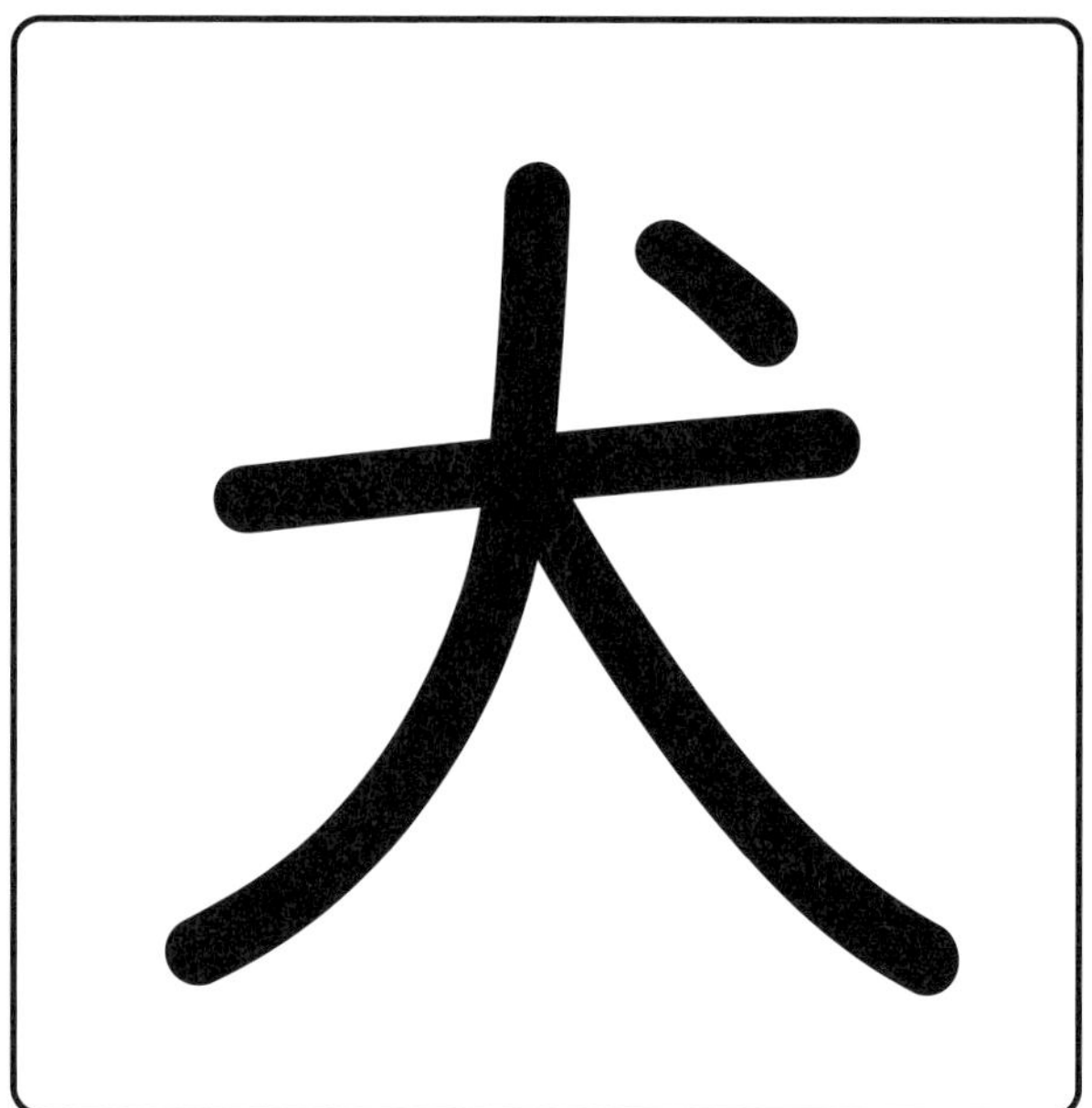

◆いぬ

ケン

●黒(くろ)い犬（いぬ）

日本犬（に ほん けん）

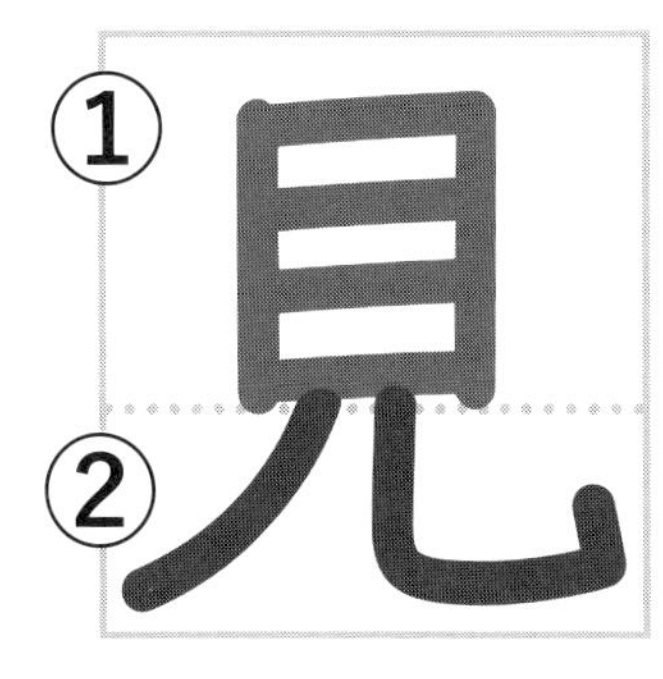

◆**み**ーる、**み**ーえる、**み**ーせる
ケン

●空（そら）を見（み）る。
遠（とお）くに見（み）える山（やま）
プレゼントを見（み）せる。
見学（けんがく）

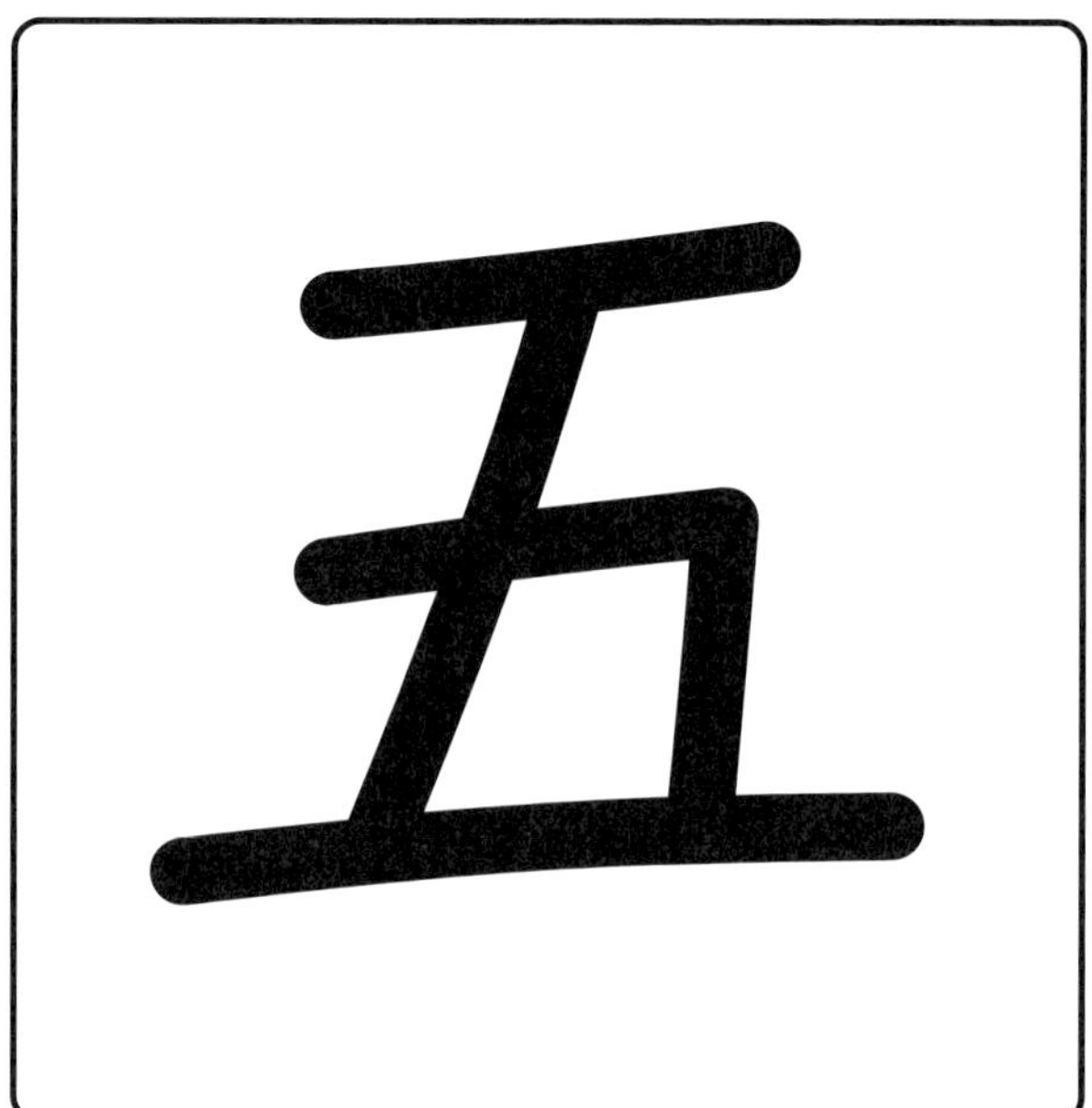

◆いつ－つ、いつ
●ゴ
五（いつ）つめの駅（えき）で降（お）りる。
五日（いっか）
五月（ごがつ）

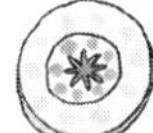

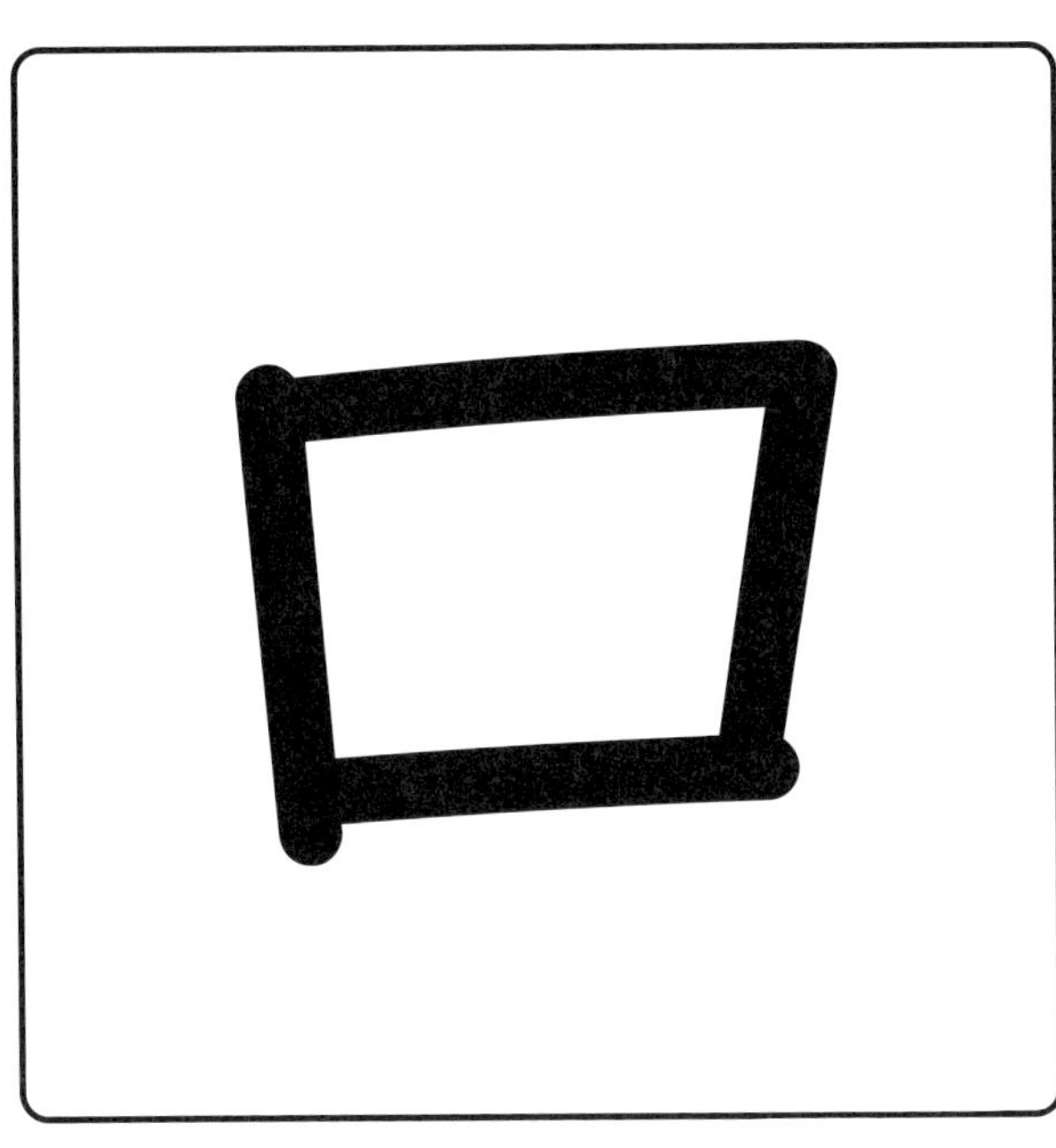

◆くち

コウ、ク

●口（くち）を開（ひら）く。

人口（じんこう）

おだやかな口調（くちょう）

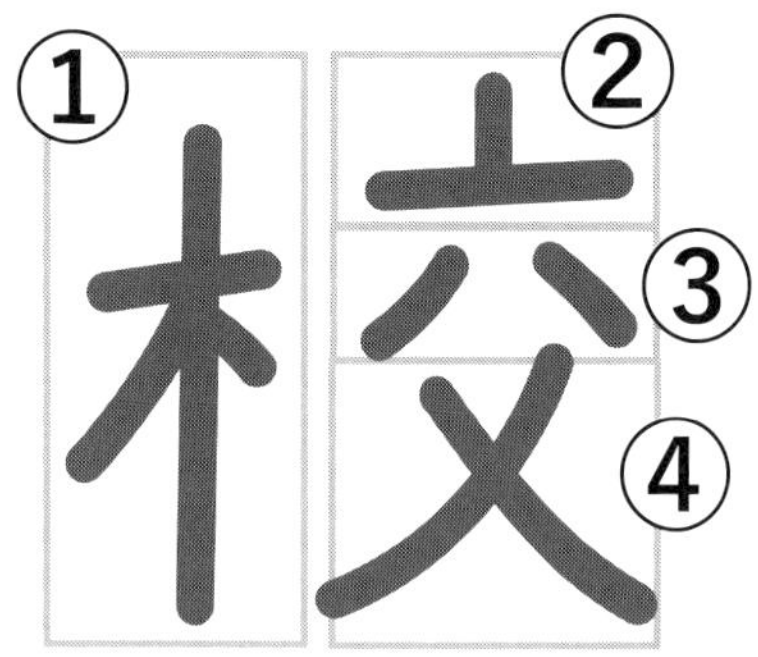

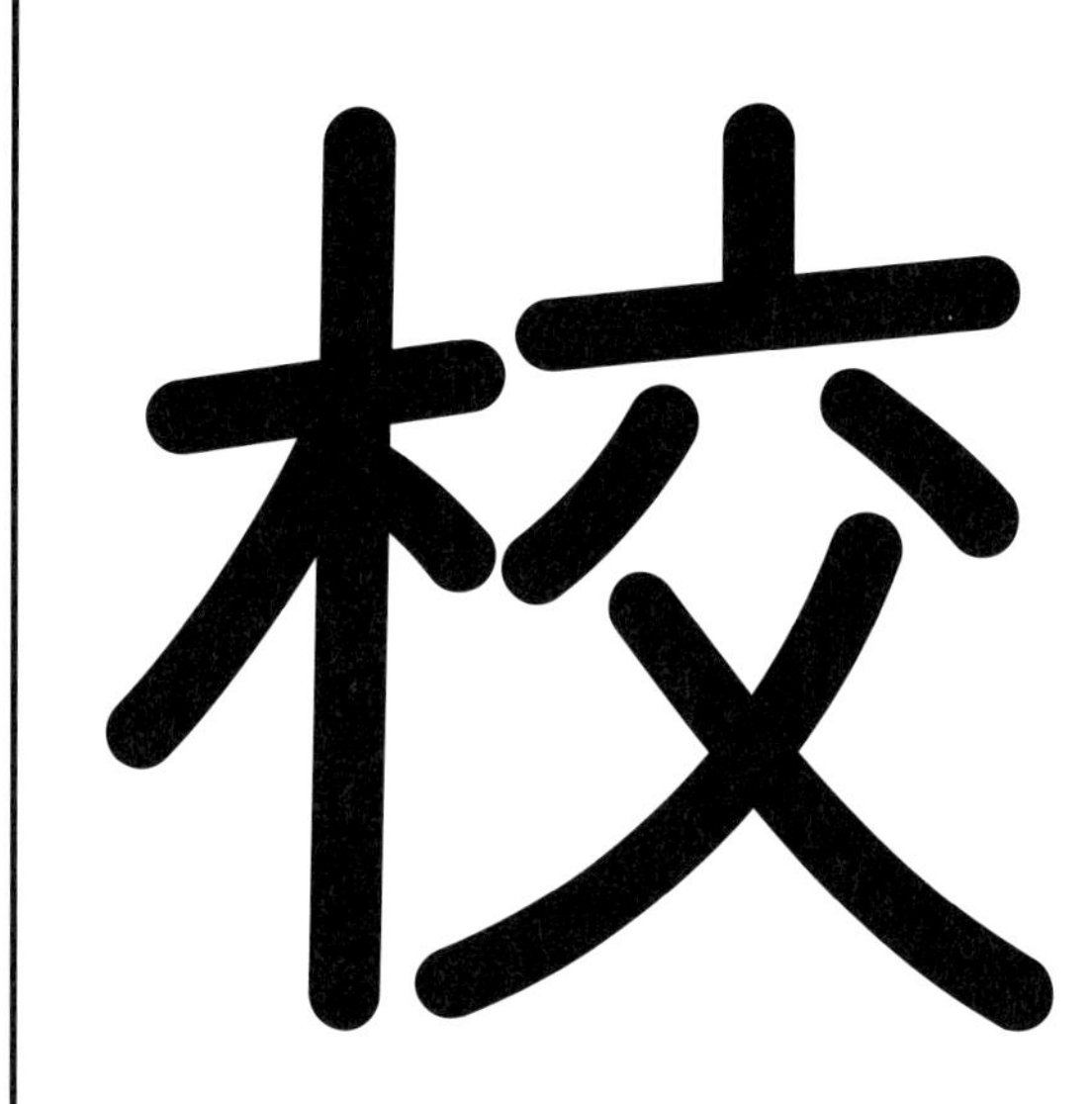

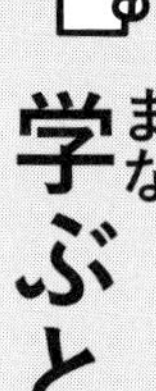

学(まな)ぶところ

◆ ―
コウ

● 校長（こう　ちょう）先生(せんせい)
校庭（こう　てい）を走(はし)る。

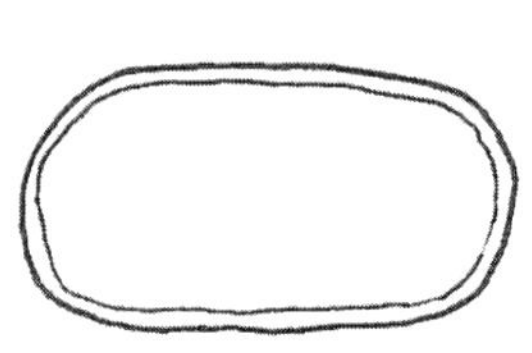

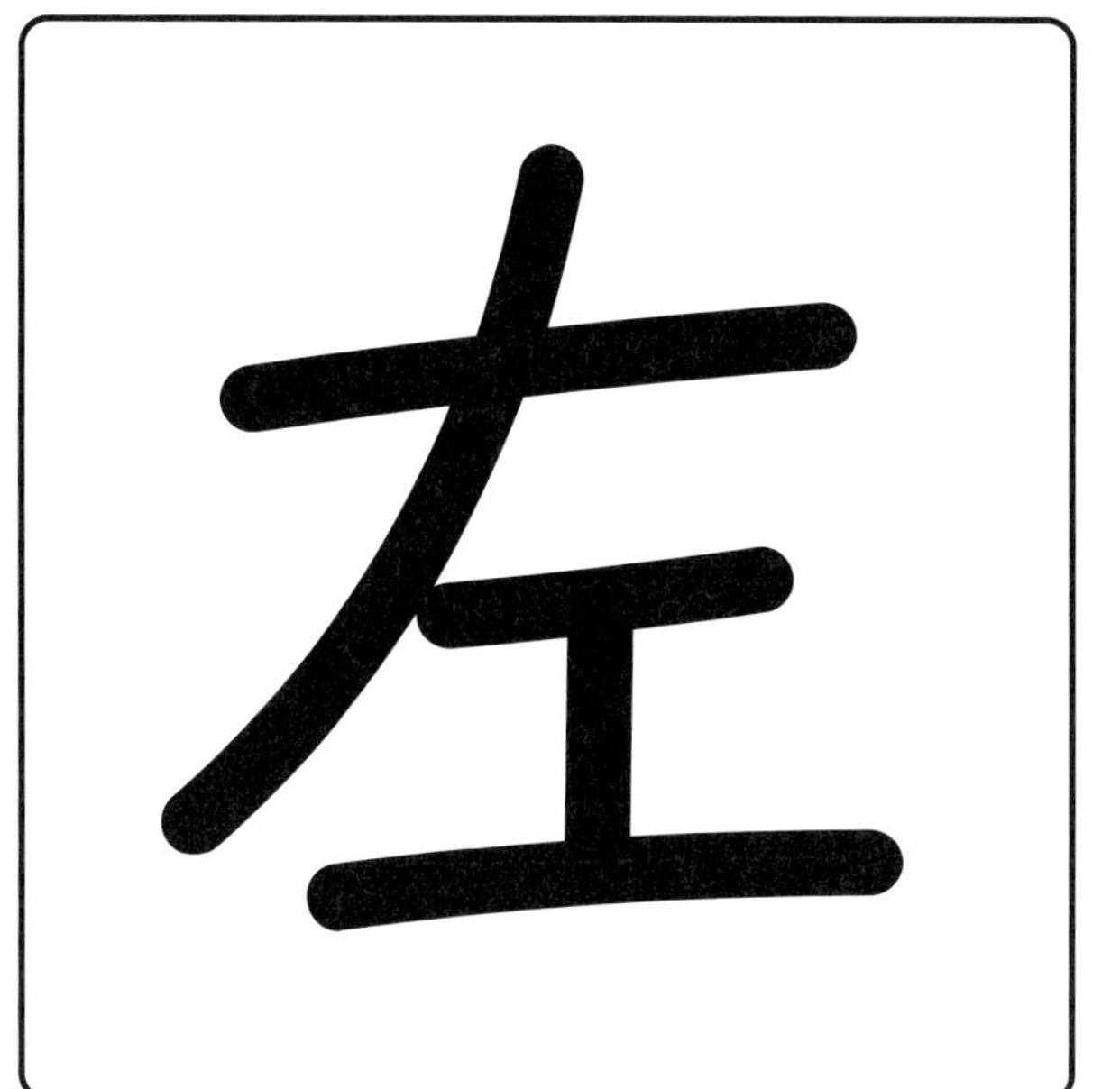

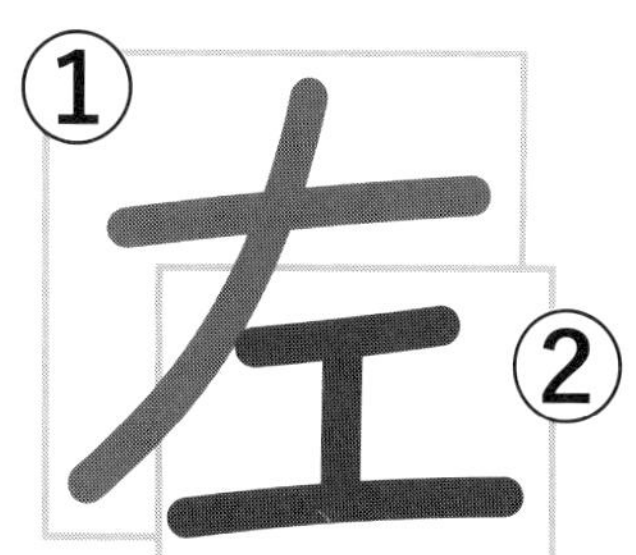

◆ひだり
サ

●左（ひだり）を向（む）く。
左折（させつ）

◆みっーつ、み、みーつ

サン

●三（みっ）つめの角(かど)を曲(ま)がる。

三日月（みかづき）

三（み）つ子(ご) ＊

三日（みっか）

三角（さんかく）

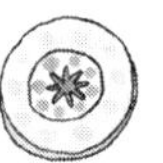

◆やま
サン
●高(たか)い山(やま)
山(やま)を登(のぼ)る。
山村(さんそん)

◆こ

シ、ス

●子（こ）ども

親子（おやこ）

子犬（こいぬ）

電子（でんし）マネー

調子（ちょうし）がいい。

様子（ようす）を見（み）る。

◆よっーつ、よん、よ、よーっ

シ

●四（よっ）つの国

四（よん）階(かい)建(だ)て

四（よ）時間目(じかんめ)

四（よ）つ葉(ば)のクローバー

四日（よっか）＊

四季（しき）

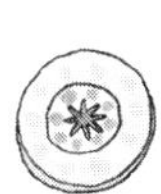

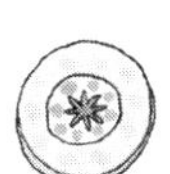

糸

◆いと

シ

●白《しろ》い糸（いと）

針《はり》に糸（いと）を通《とお》す。

製糸（せいし）工場《こうじょう》

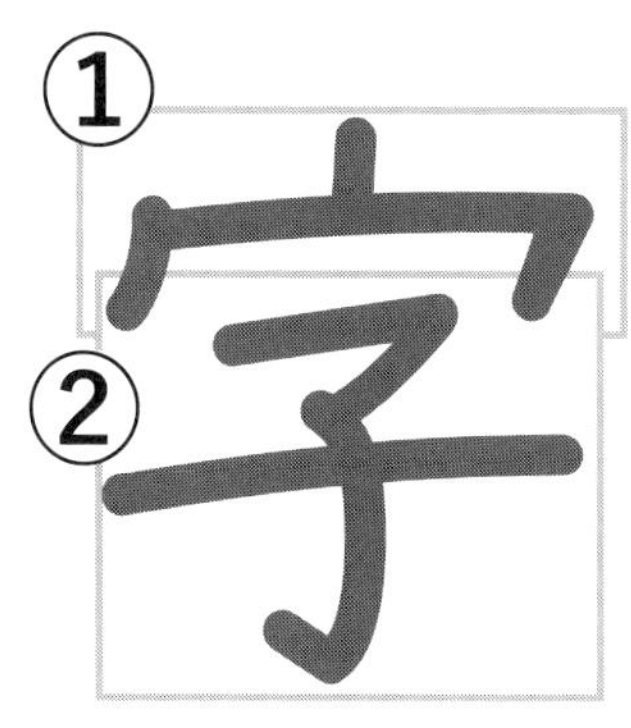

◆ジ

あざ

●数字（すうじ）

文字（もじ）

字（じ）を書く。

住所は、青山村字（あざ）中川です。

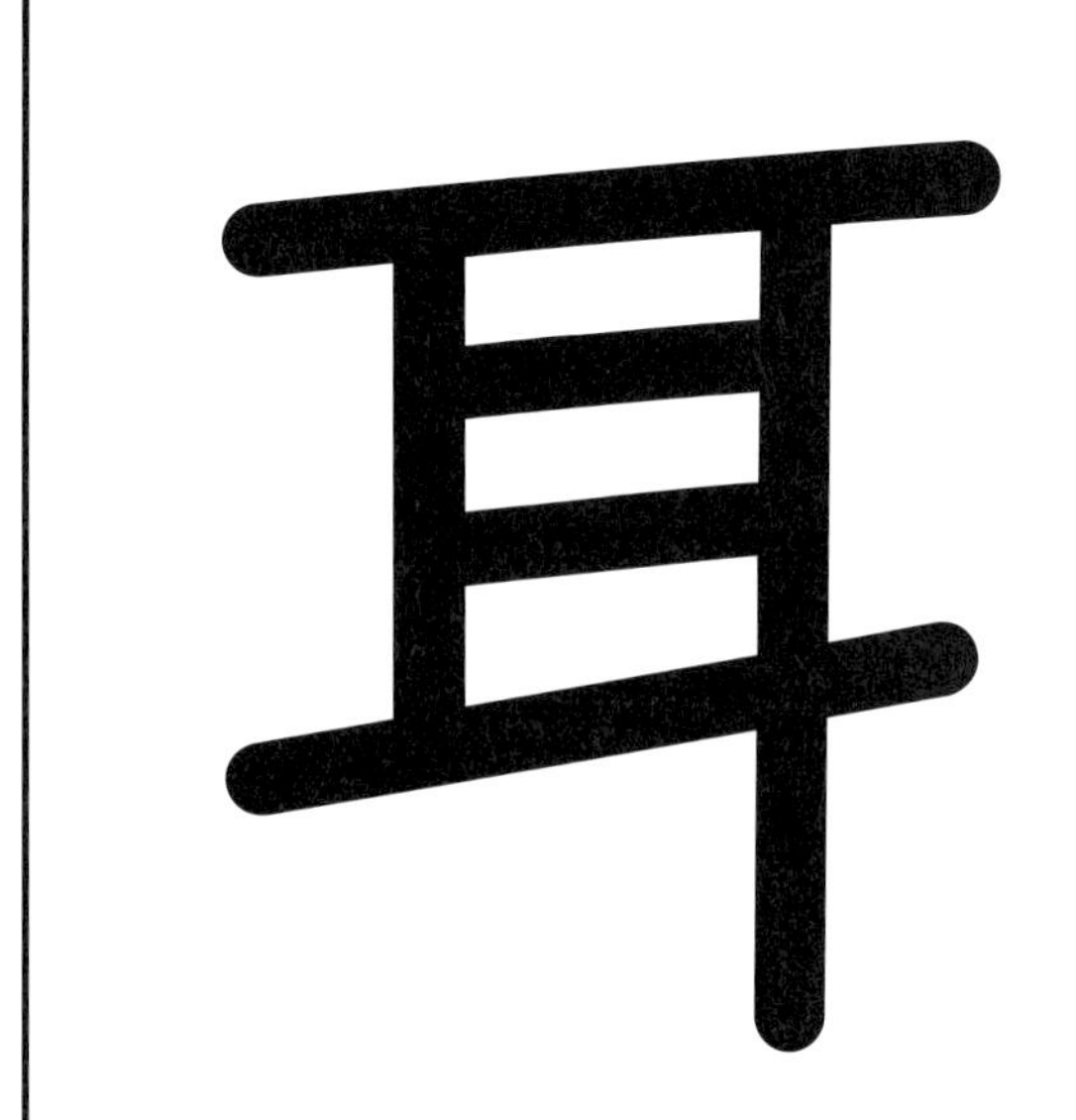

◆みみ

ジ

●耳（みみ）をすます。

耳鼻科（じびか）

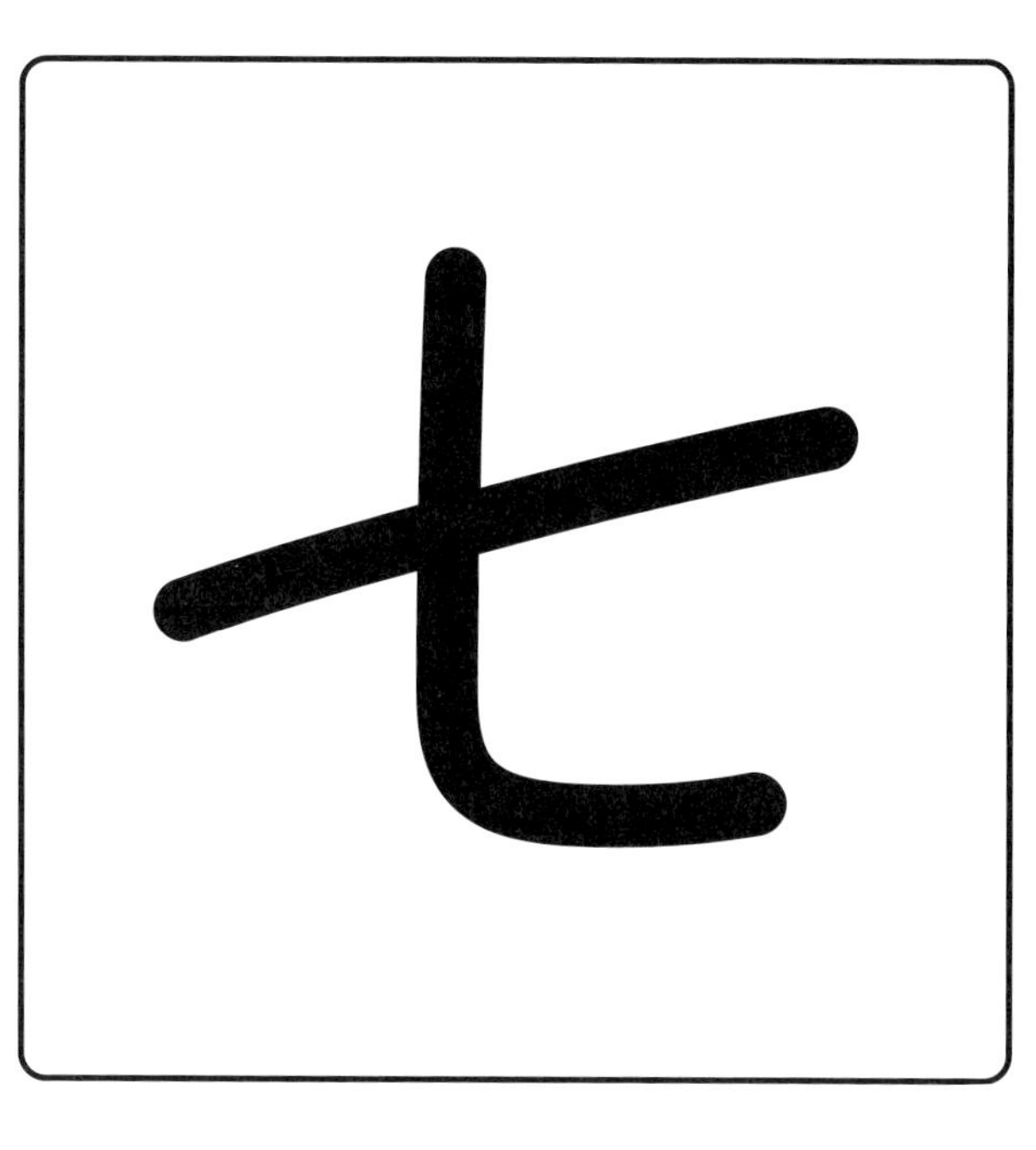

◆なな、なな－つ、なの

シチ

●七色（なな いろ）

七（なな）つの海

七日（なの か）

七月（しち がつ）

七五三（しち ご さん）

＝七歳、五歳、三歳の子どもの成長を祝う日本の年中行事。

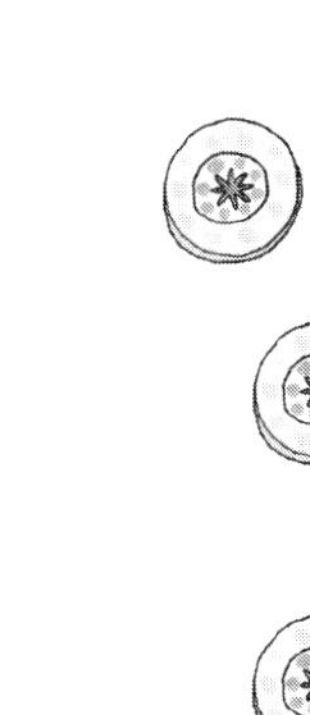

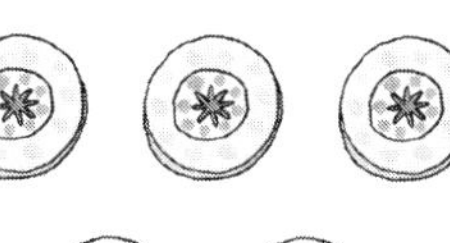

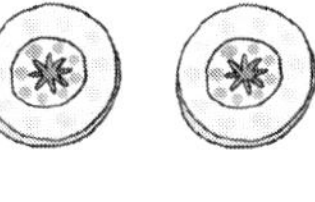

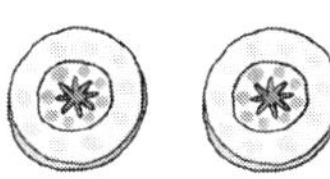

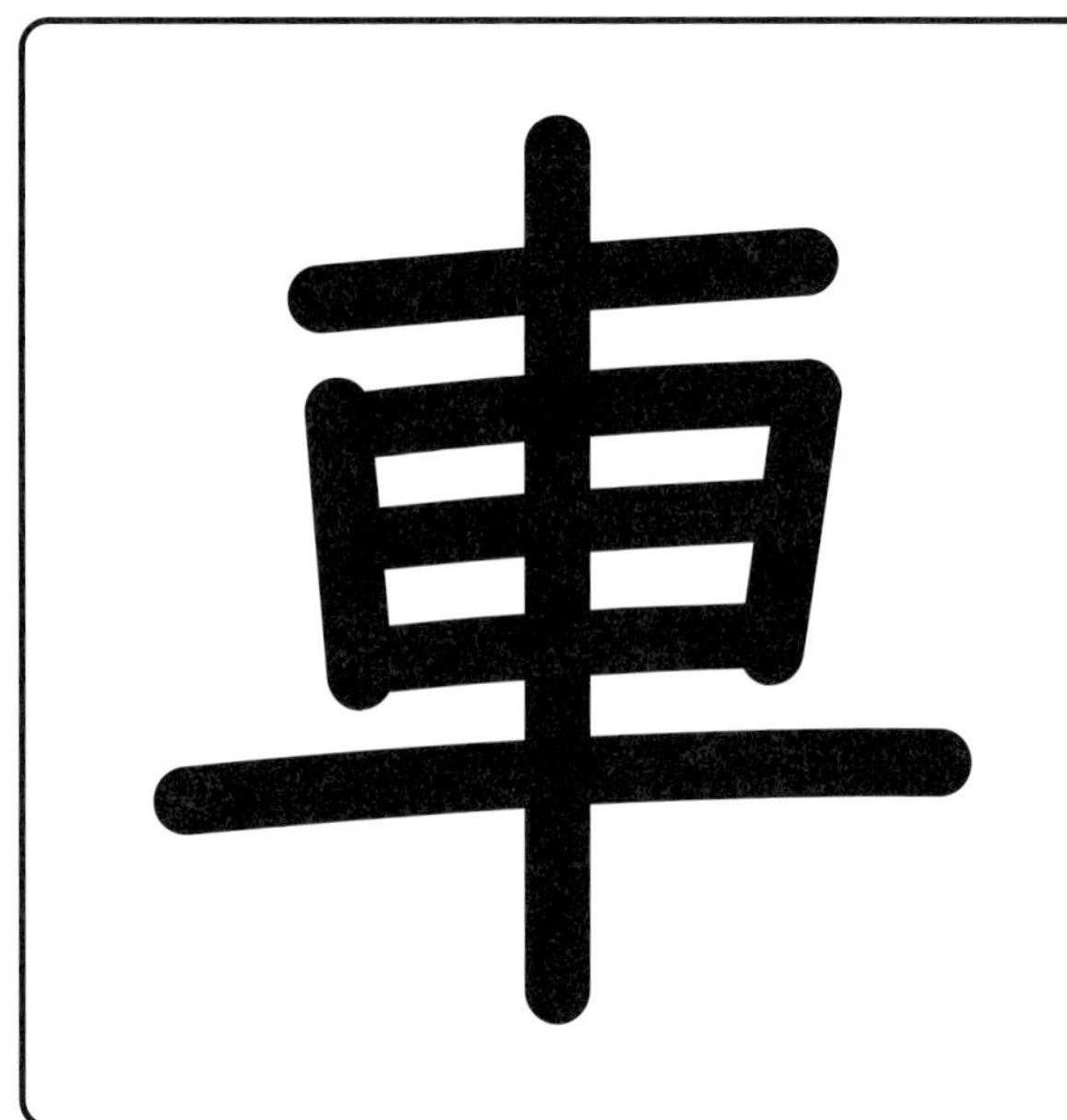

◆くるま

シャ

●車（くるま）に乗（の）る。

電車（でんしゃ）

◆て、た

シュ

●手（て）をつなぐ。

花（はな）を手（た）むける。

手むける＝ささげる。おくる。

あく手（しゅ）

◆とお、と
ジュウ、ジッ
●十日（とおか）
十人（じゅうにん）
十（じゅう）番目（ばんめ）
三十（さんじっ）分（ぷん）

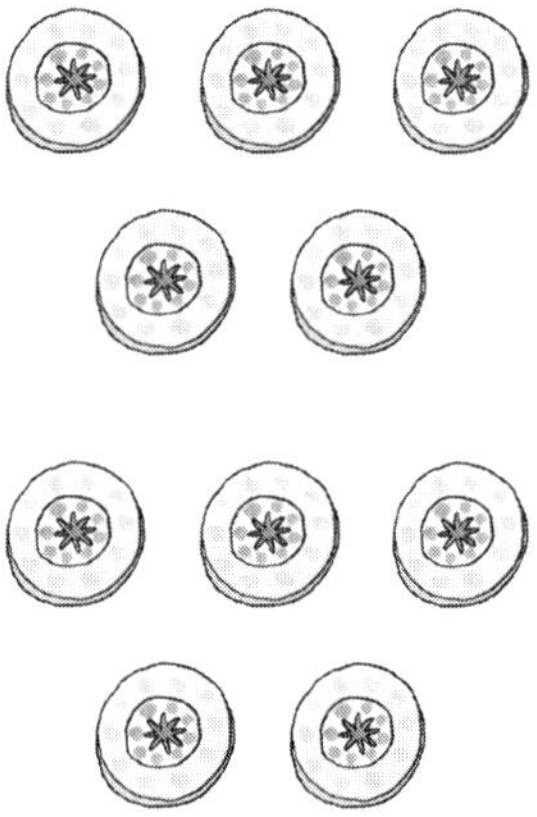

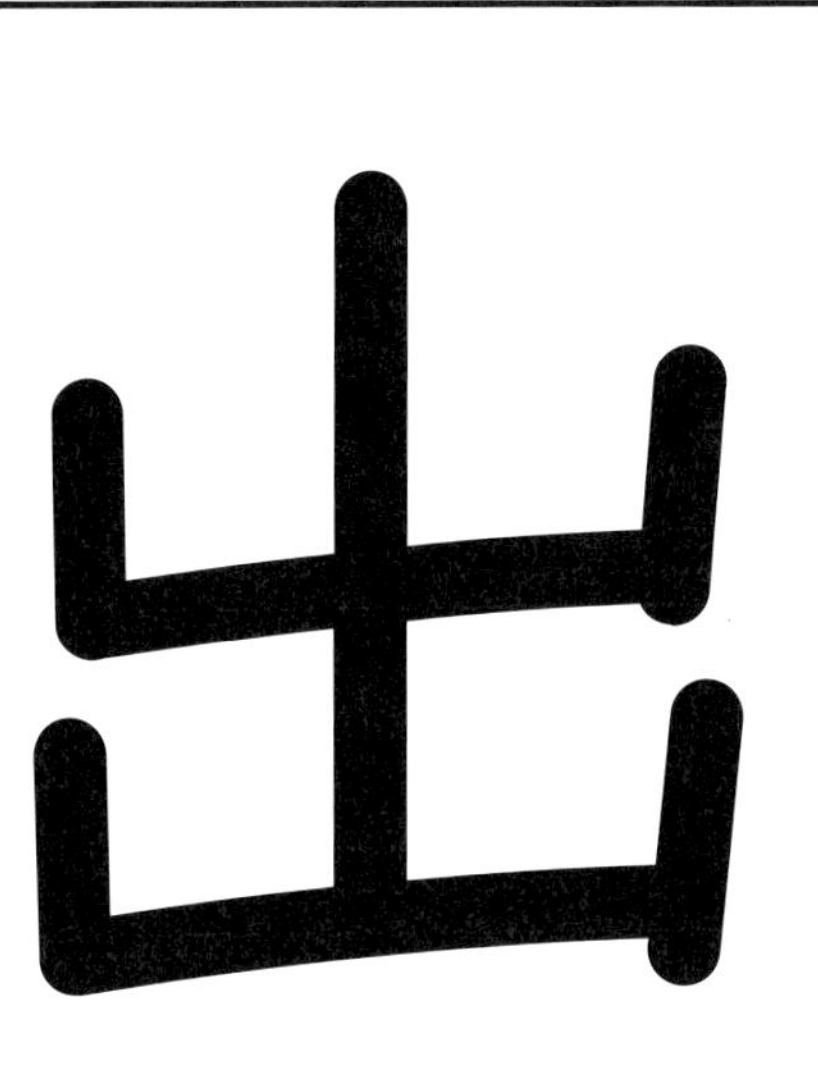

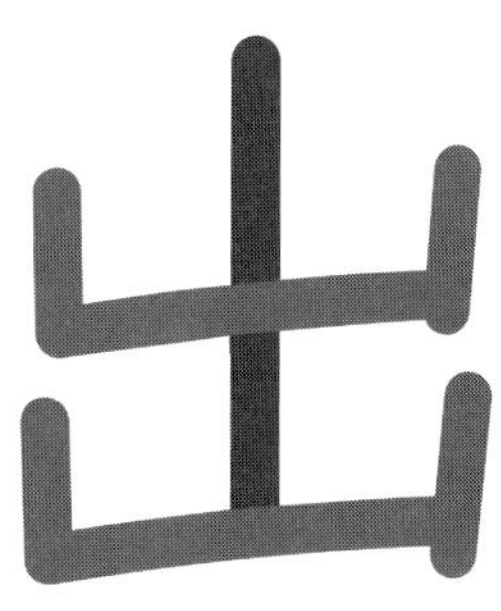

◆でーる、だーす

シュツ、スイ

●外(そと)に出(で)る。

手紙(てがみ)を出(だ)す。

クイズを出題(しゅつだい)する。

出題＝問題(もんだい)を出(だ)すこと。

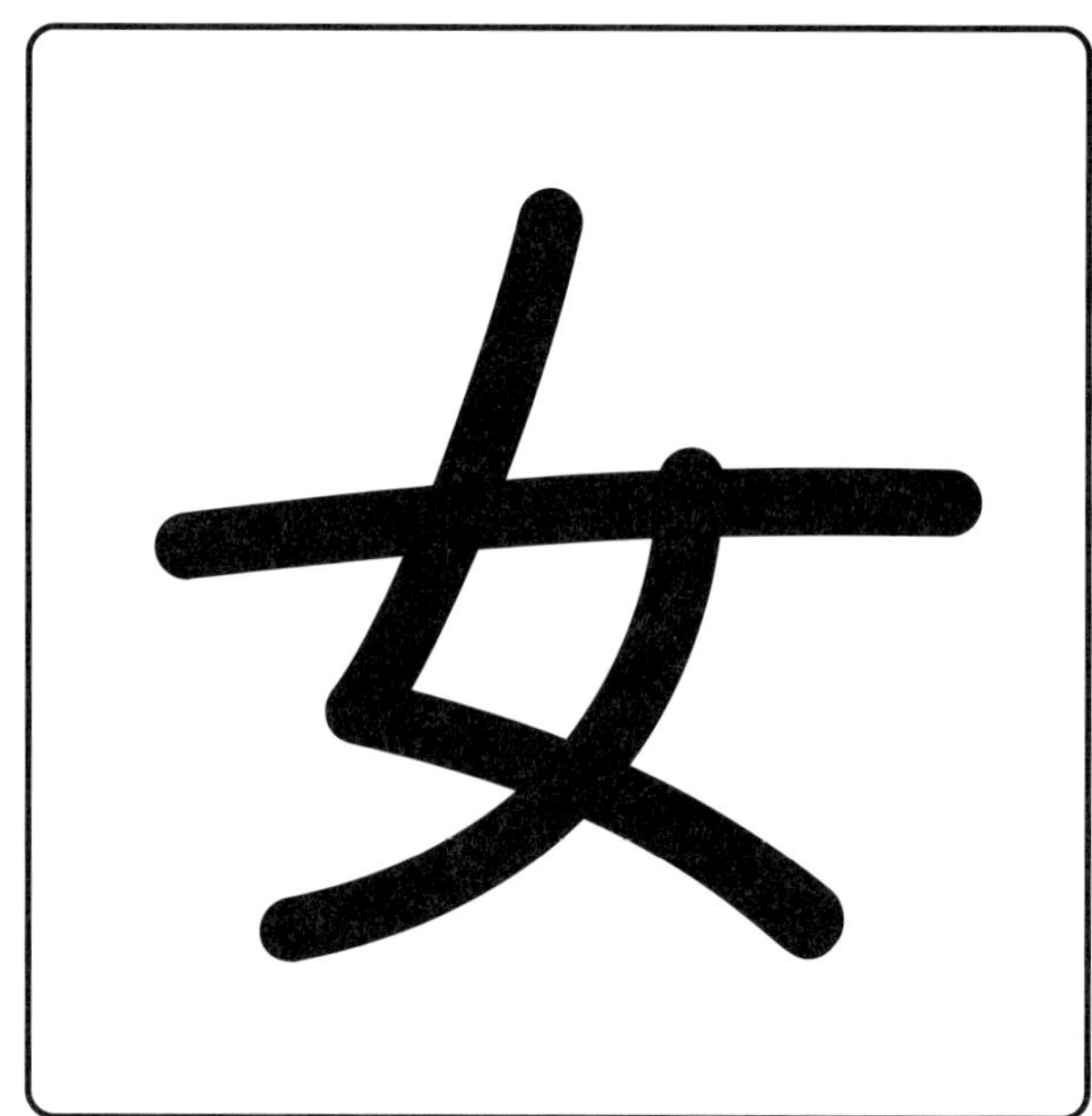

◆おんな、め
ジョ、ニョ、ニョウ
●女（おんな）の子（こ）
勝利（しょうり）の女神（めがみ）
女子（じょし）
天女（てんにょ）
女房（にょうぼう）＝妻（つま）のこと。

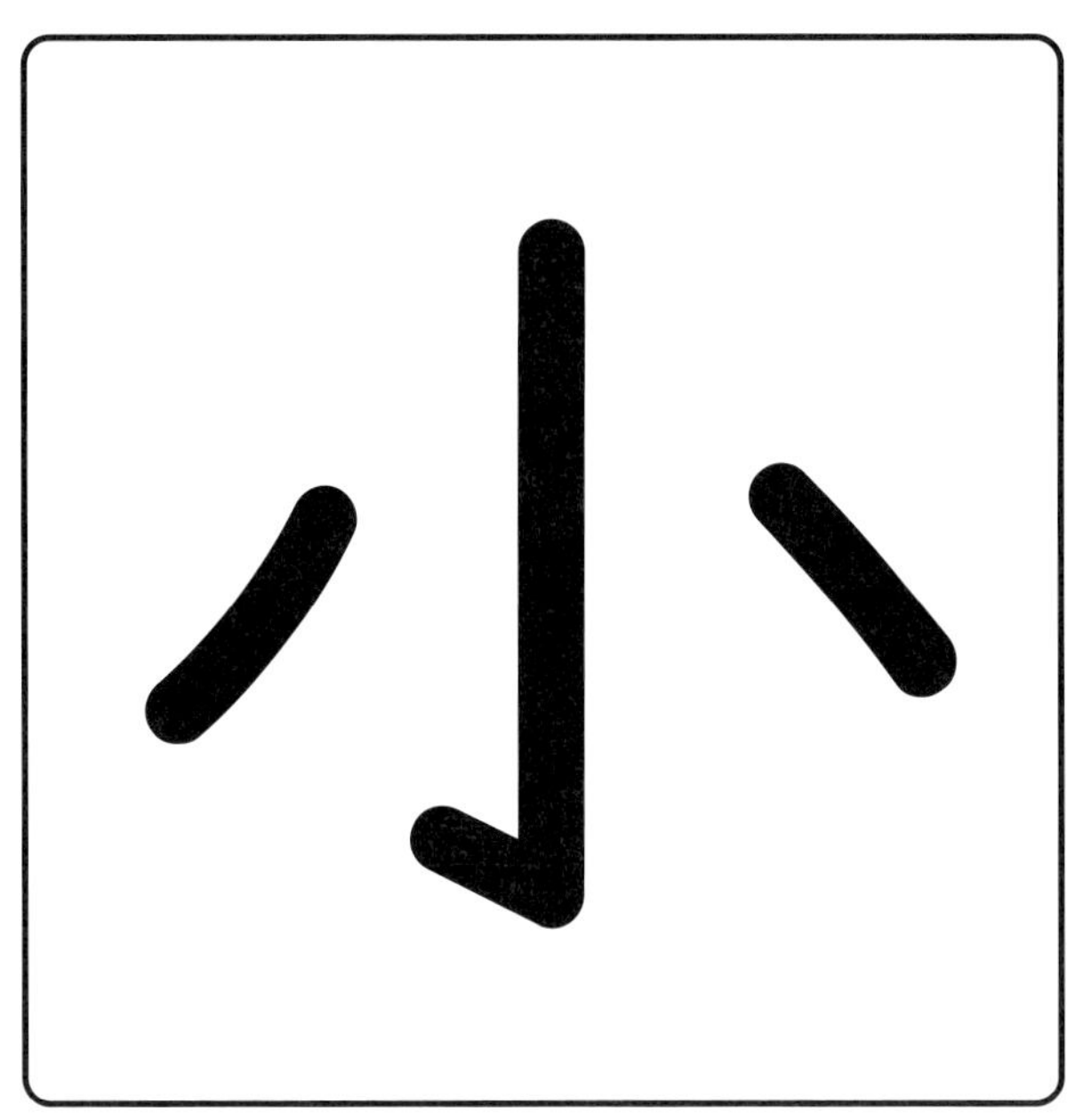

◆**ちい**－さい、**こ**、**お**

ショウ

●小（ちい）さい石（いし）

小麦（こ むぎ）

小川（お がわ）

小学生（しょう がく せい）

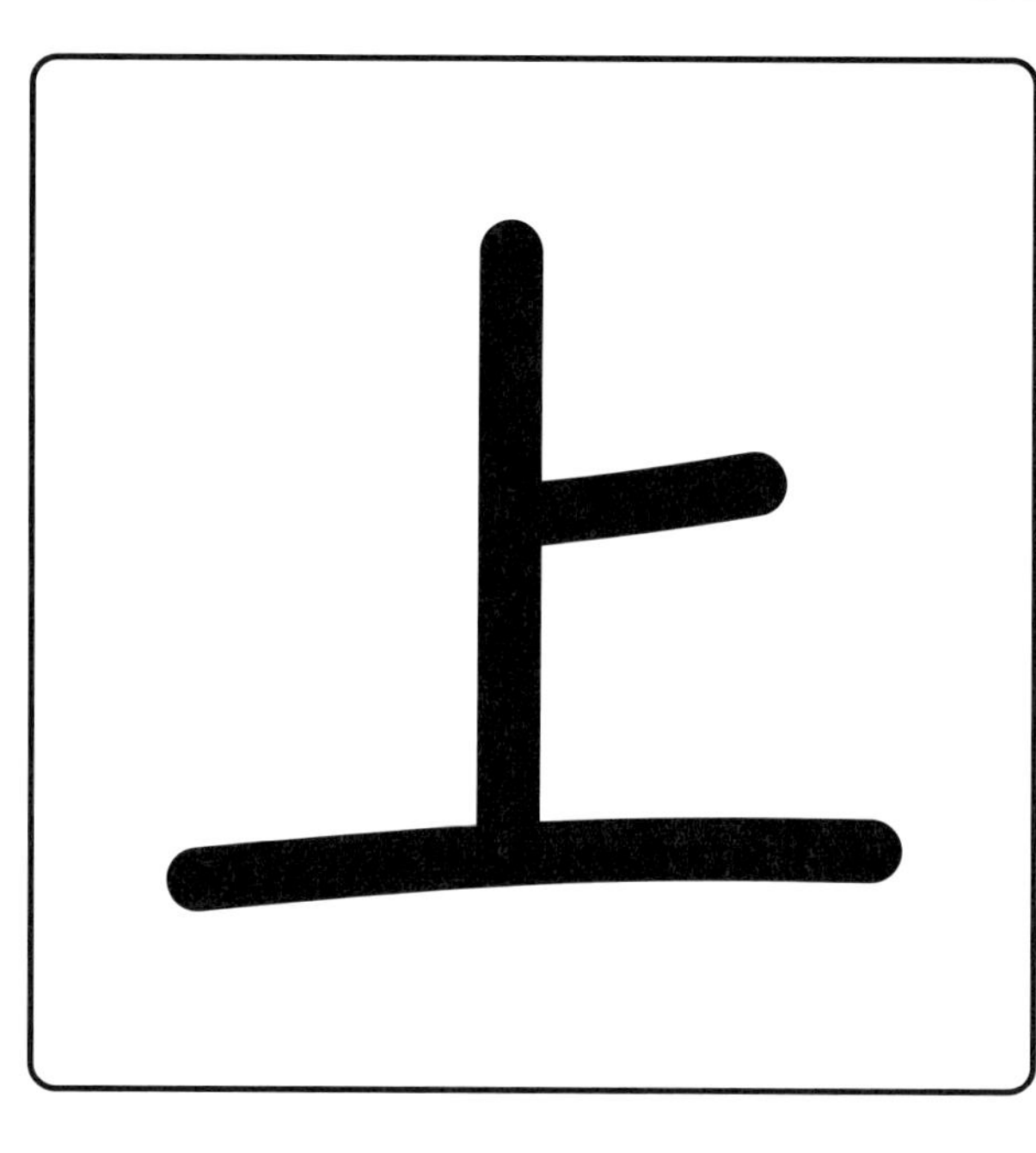

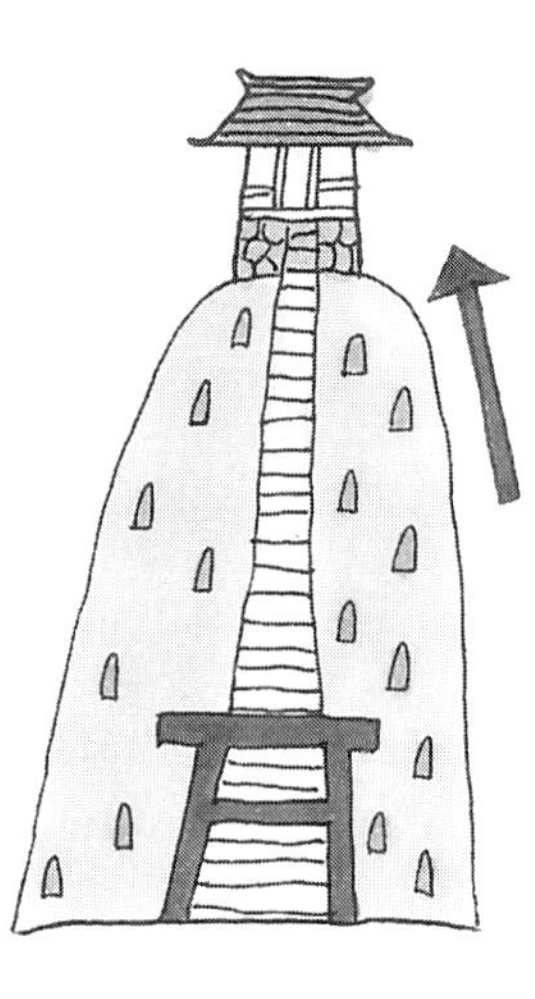

◆うえ、うわ、かみ
あ－げる、あ－がる
のぼ－る、のぼ－せる、のぼ－す
ジョウ、ショウ

●テーブルの上（うえ）
上着（うわぎ）
川上（かわかみ）から流(なが)れてくる。
手(て)を上（あ）げる。
2階(かい)に上（あ）がる。
坂道(さかみち)を上（のぼ）る。
上級（じょうきゅう）

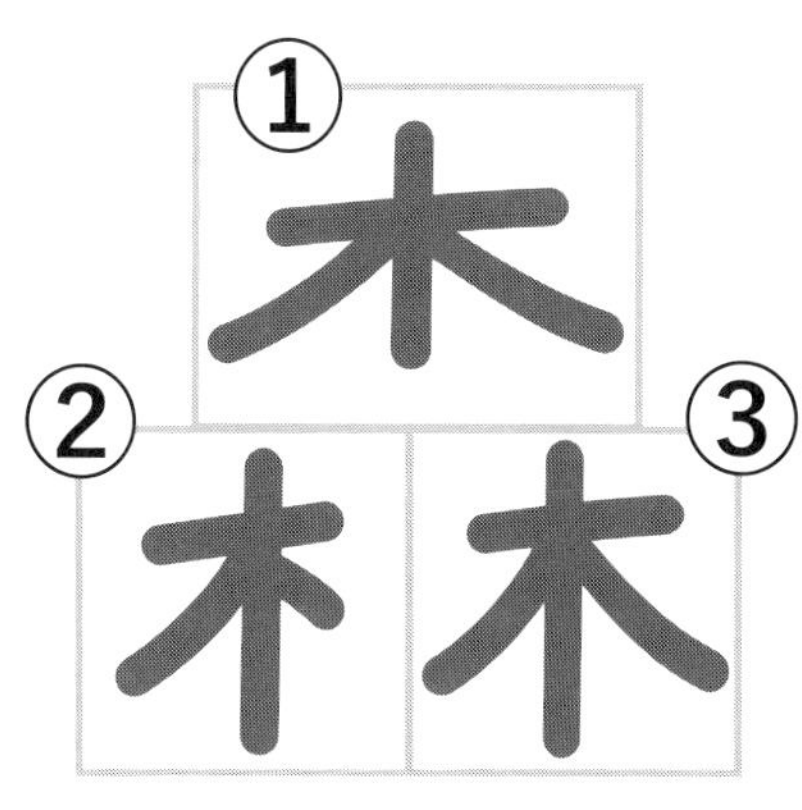

◆もり

シン

●森（もり）の中（なか）を歩（ある）く。

森林（しんりん）

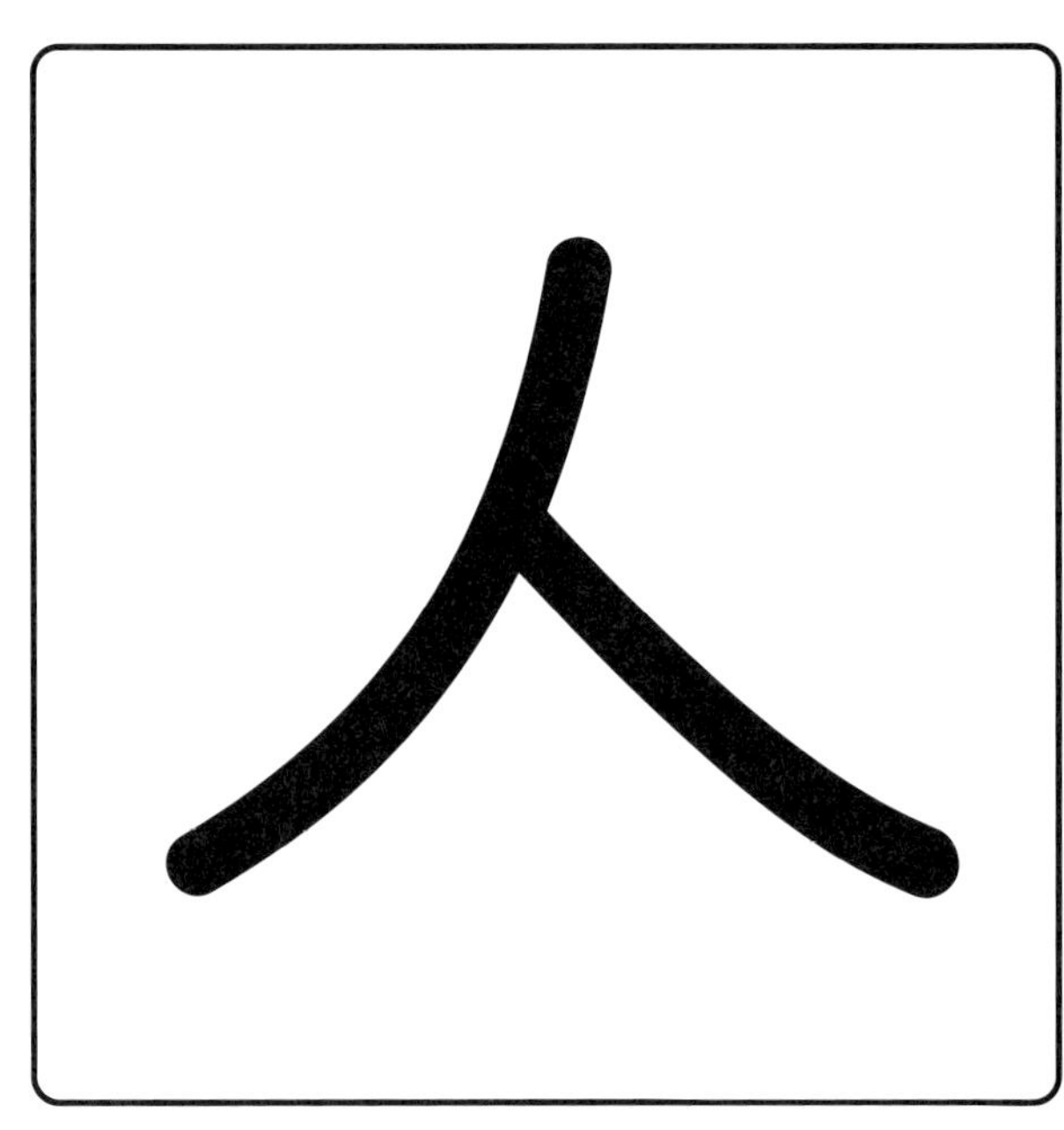

◆ひと
ジン、ニン
●明(あか)るい人(ひと)
人類(じんるい)
成人式(せいじんしき)
人間(にんげん)

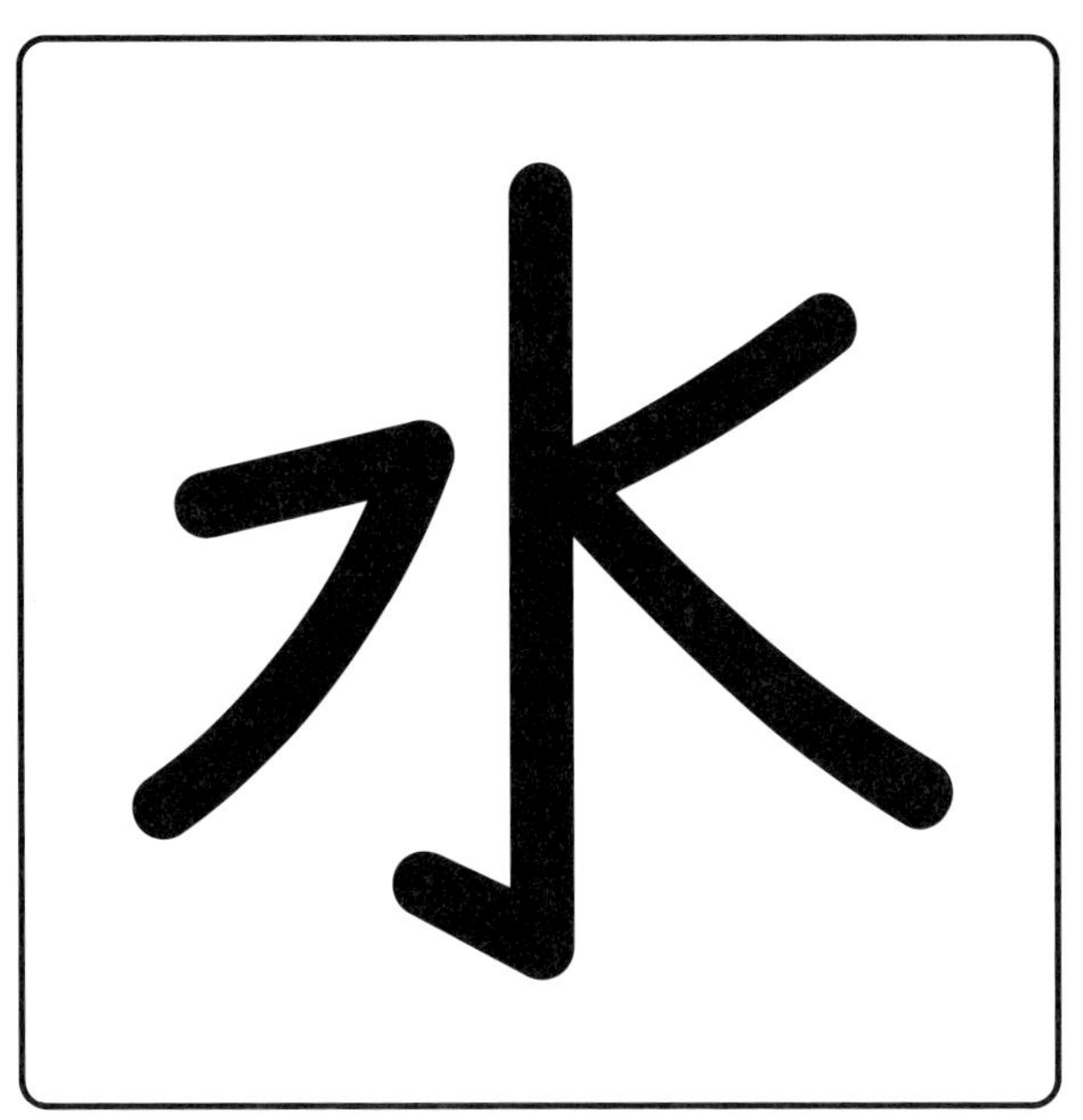

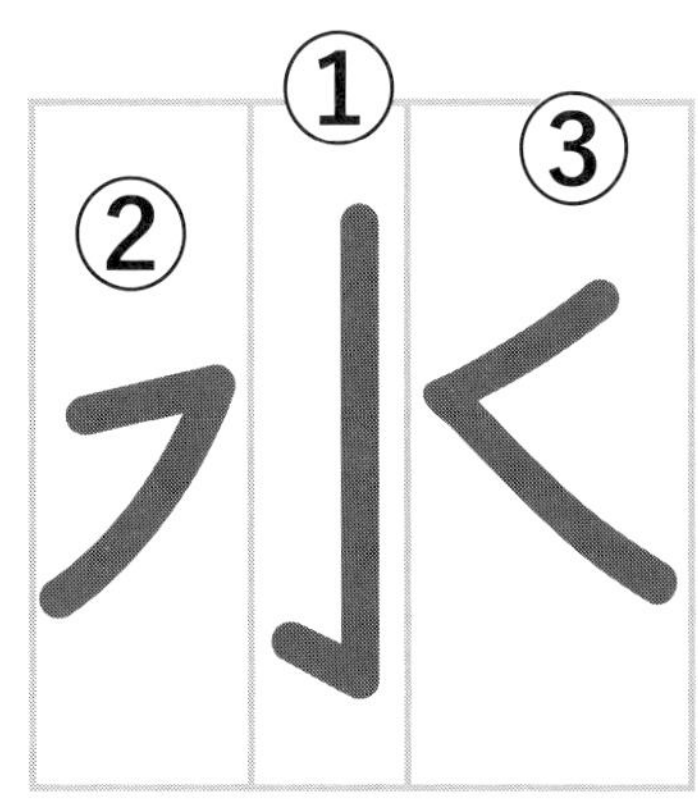

◆みず
スイ
●水（みず）たまり
水道（すい どう）
水曜日（すい よう び）

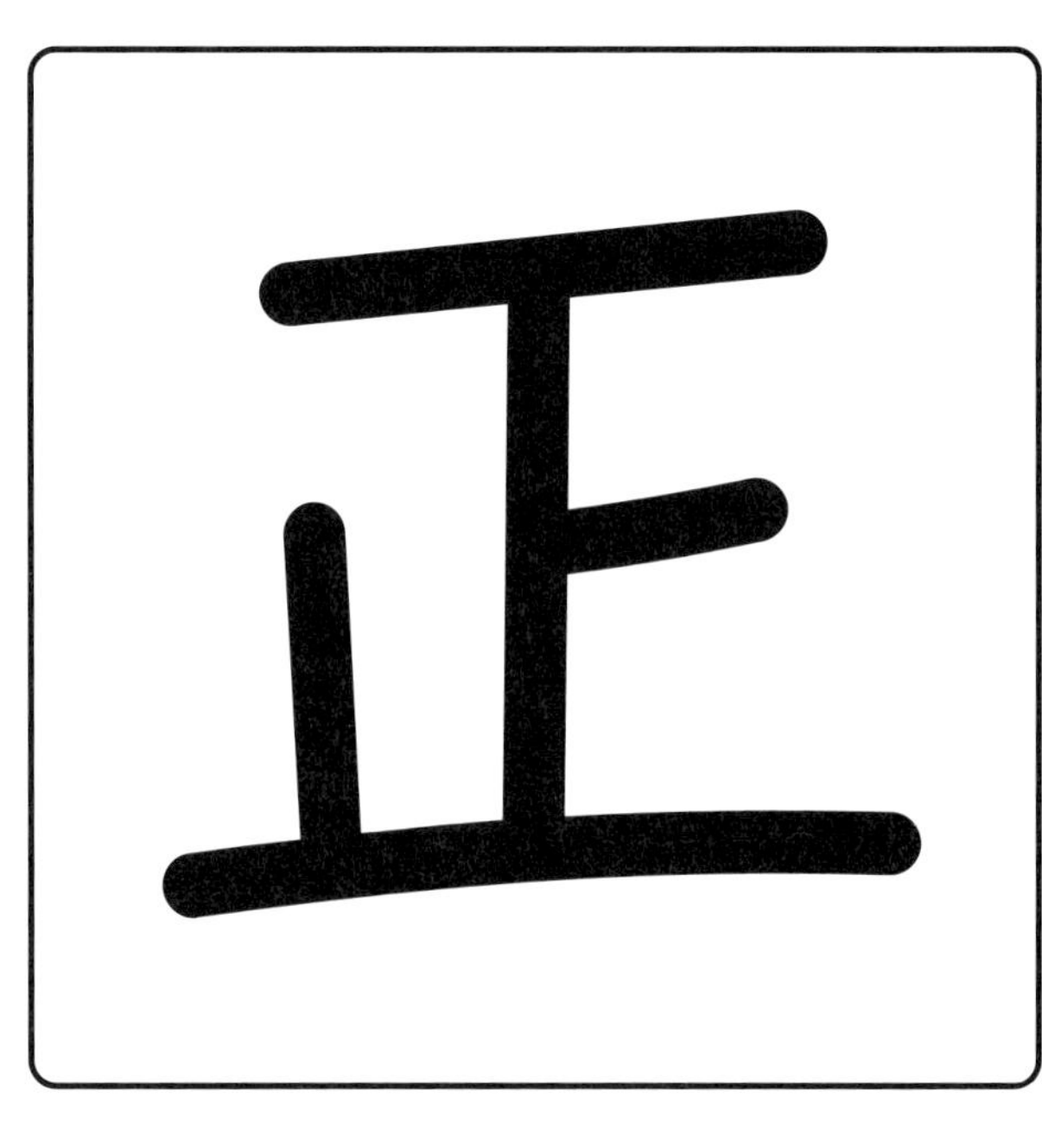

◆ただ－しい、ただ－す、まさ

セイ、ショウ

●正（ただ）しい答(こた)え

まちがいを正（ただ）す。

正（まさ）にその通(とお)りだ。

正解（せいかい）

正月（しょうがつ）

◆**い**－きる、**い**－かす、**い**－ける
う－まれる、**う**－む、**お**－う
は－える、**は**－やす、**き**、**なま**
セイ、ショウ

●みんなで生（い）きる。
経験（けいけん）を生（い）かす。
草（くさ）が生（は）える。
服（ふく）の生地（きじ）
生卵（なま たまご）
生活（せい かつ）
人（ひと）の一生（いっしょう）

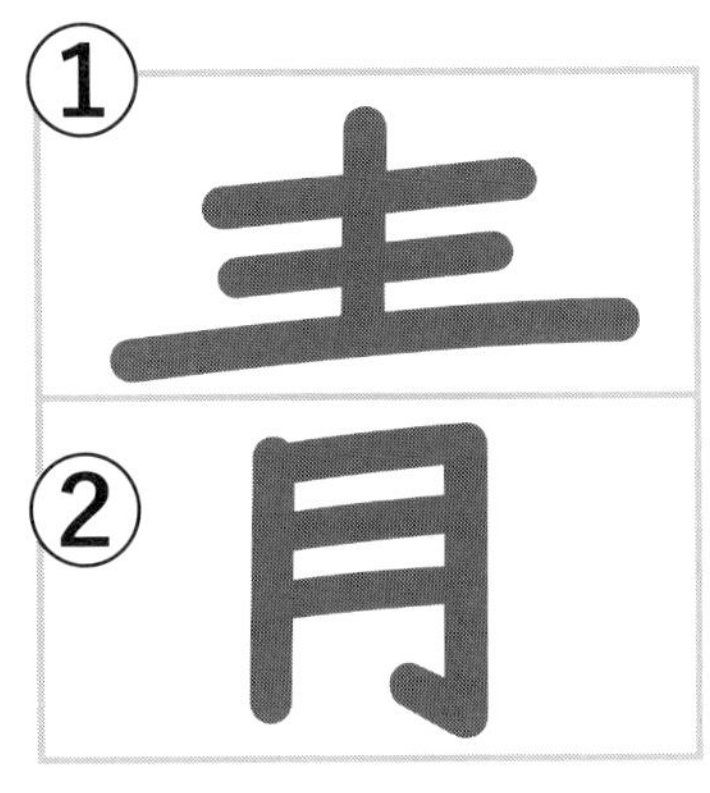

◆あお、あお－い

セイ、ショウ

●青虫（あおむし）

空（そら）が青（あお）い。

青春（せいしゅん）

群青（ぐんじょう）＊色（いろ）

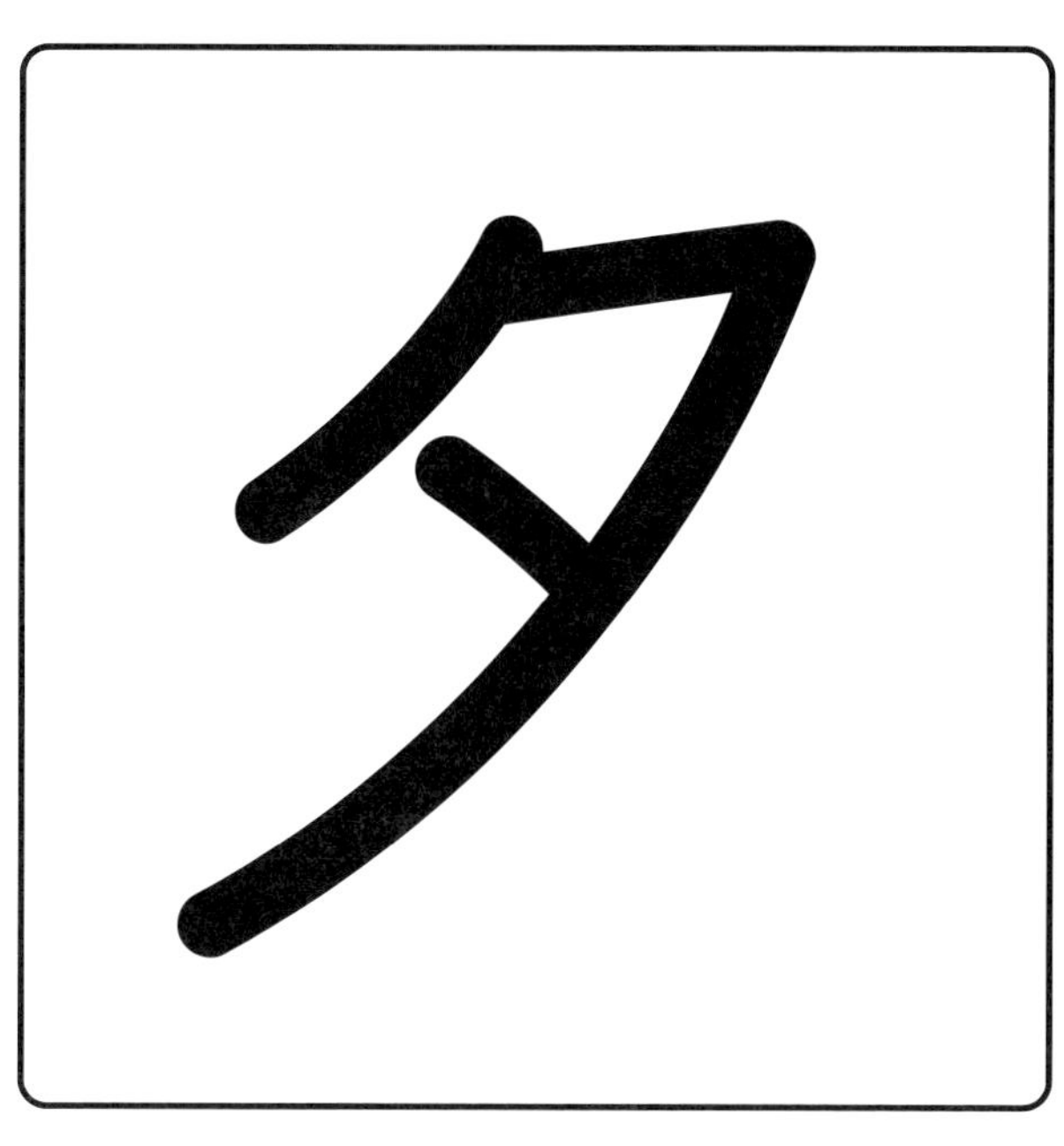

◆ゆう
セキ
●夕方（ゆうがた）
一朝一夕（いっちょういっせき）
＝ほんの少（すこ）しの時間（じかん）。

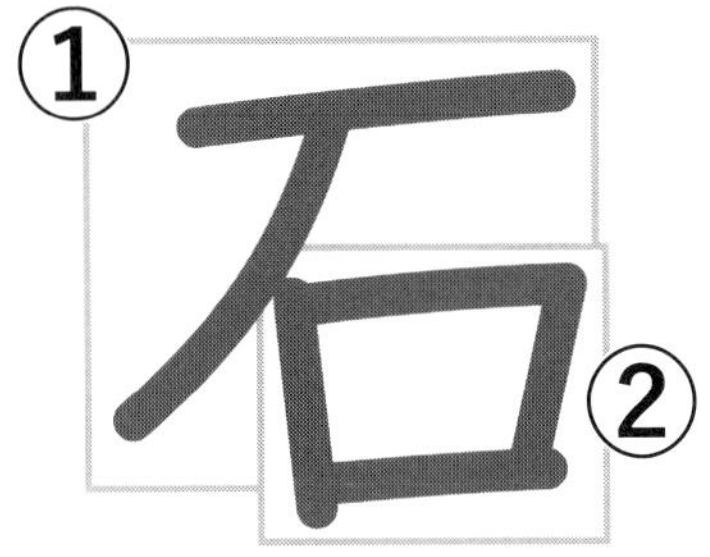

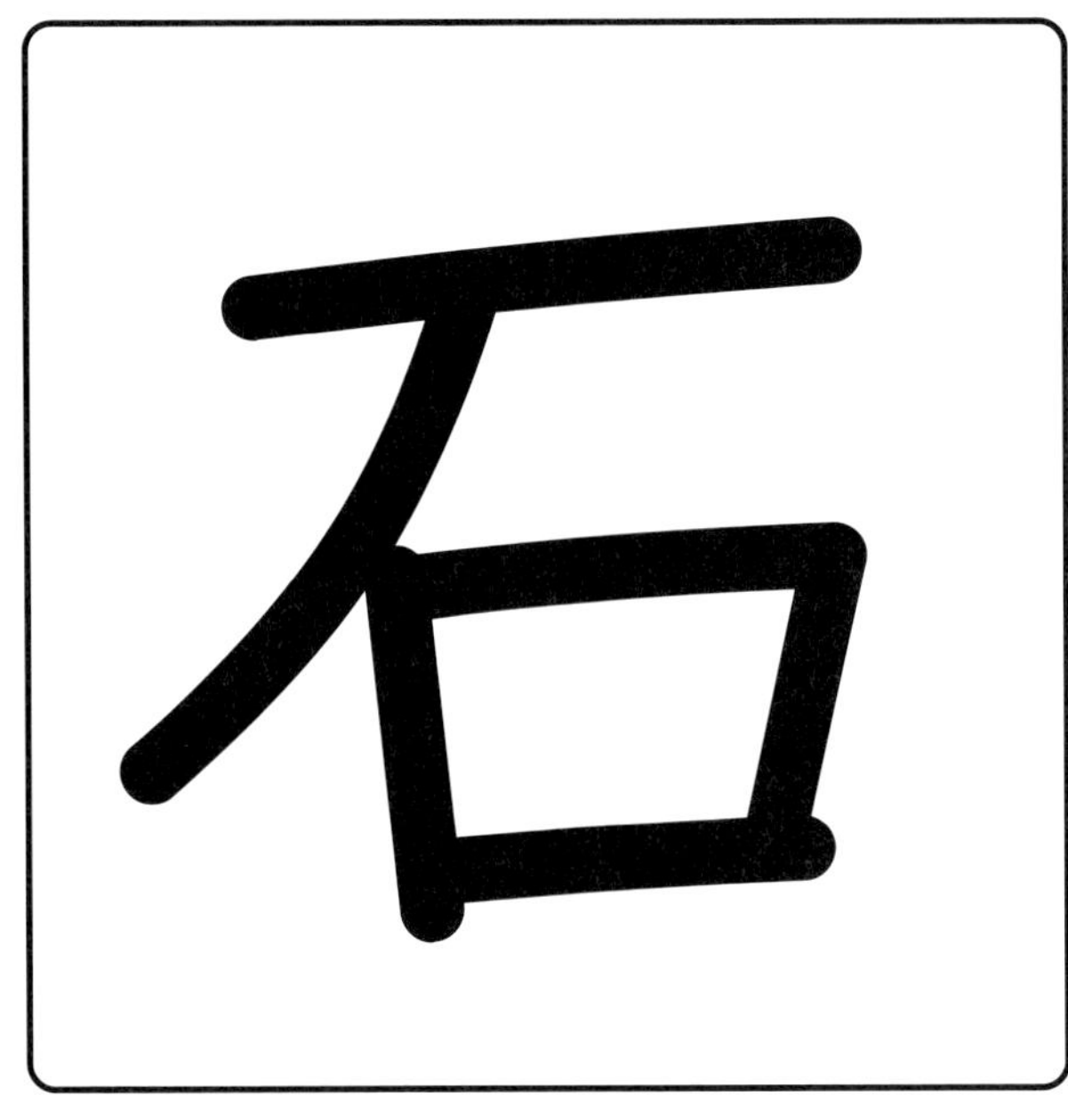

◆いし

セキ、シャク、コク

●丸い石（いし）

石油（せきゆ）

磁石（じしゃく）

石高（こくだか）

＝米であたえられた武士の給料。

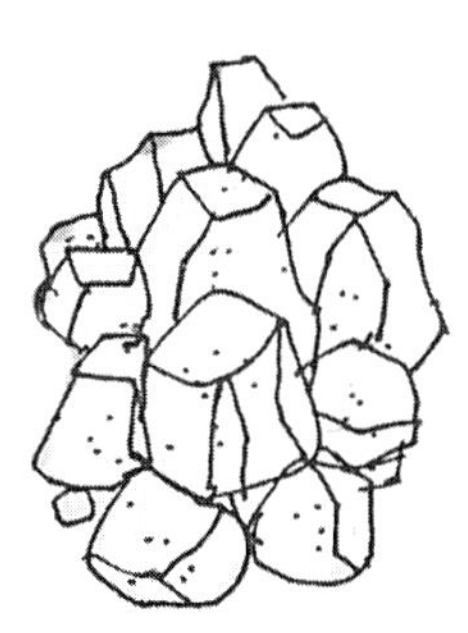

赤

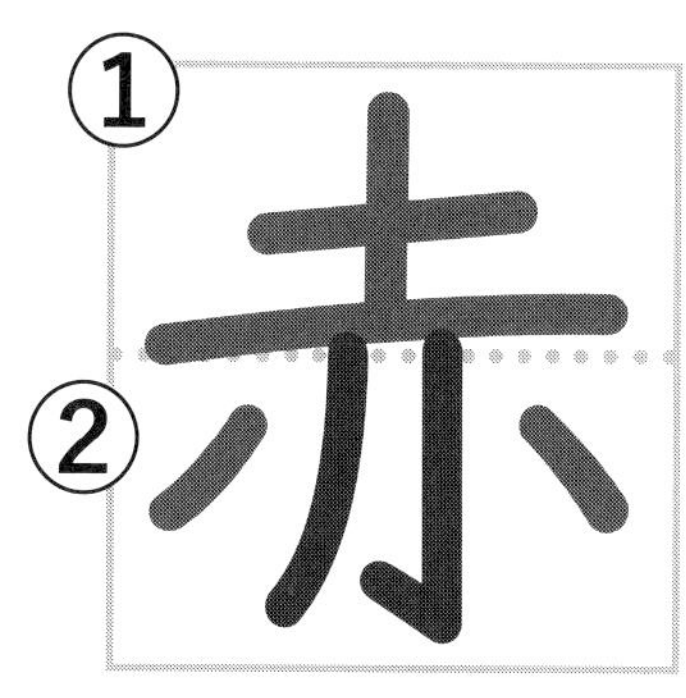

◆あか、あかーい
あかーらむ、あかーらめる
セキ、シャク

●赤（あか）ちゃん
赤字（あかじ）
赤（あか）い糸（いと）
空（そら）が赤（あか）らむ。
顔（かお）を赤（あか）らめる。
赤外線（せきがいせん）

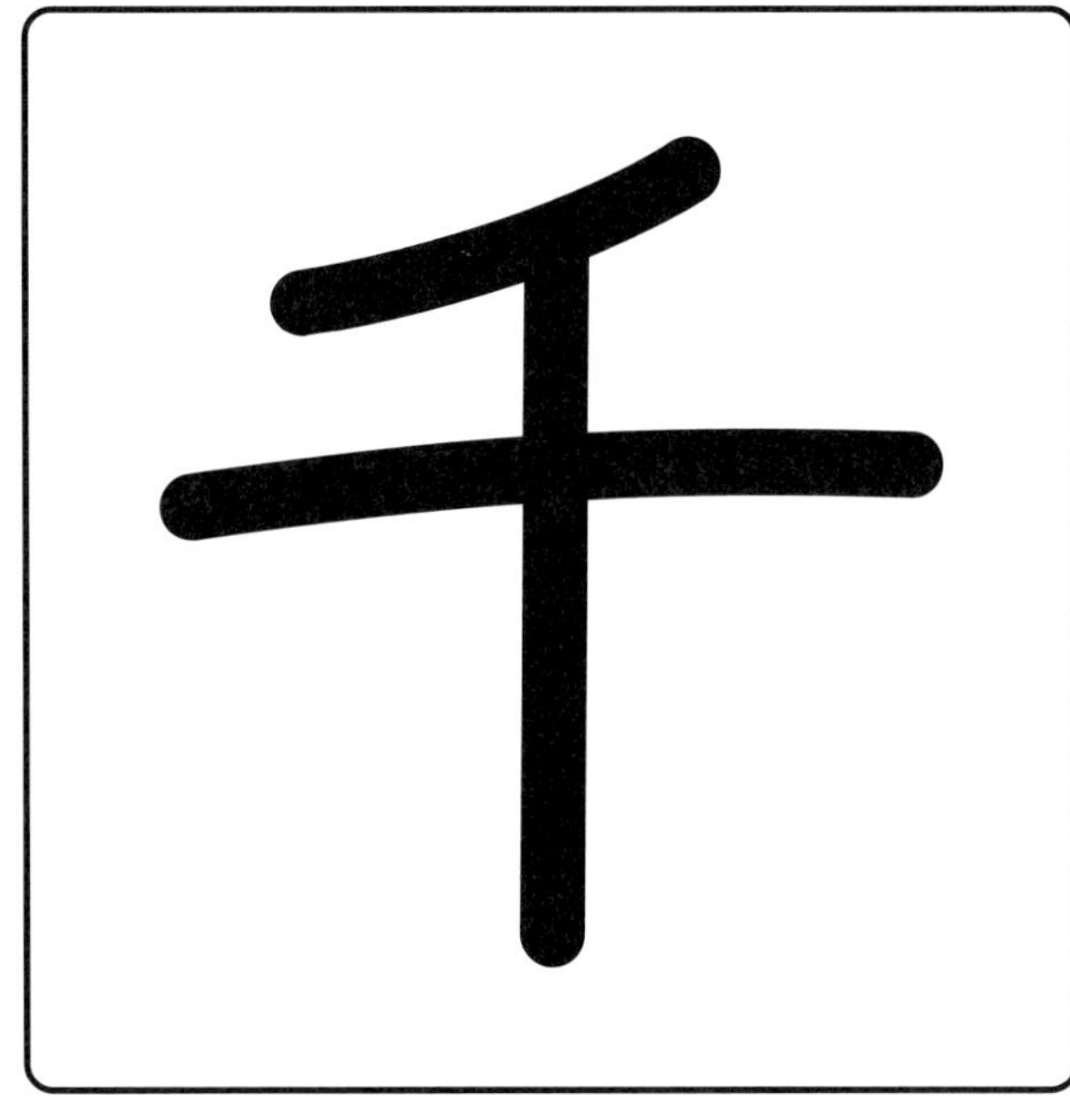

◆セン

ち

●千人（せん にん）

五千円（ご せん えん）

千代紙（ちよ がみ）

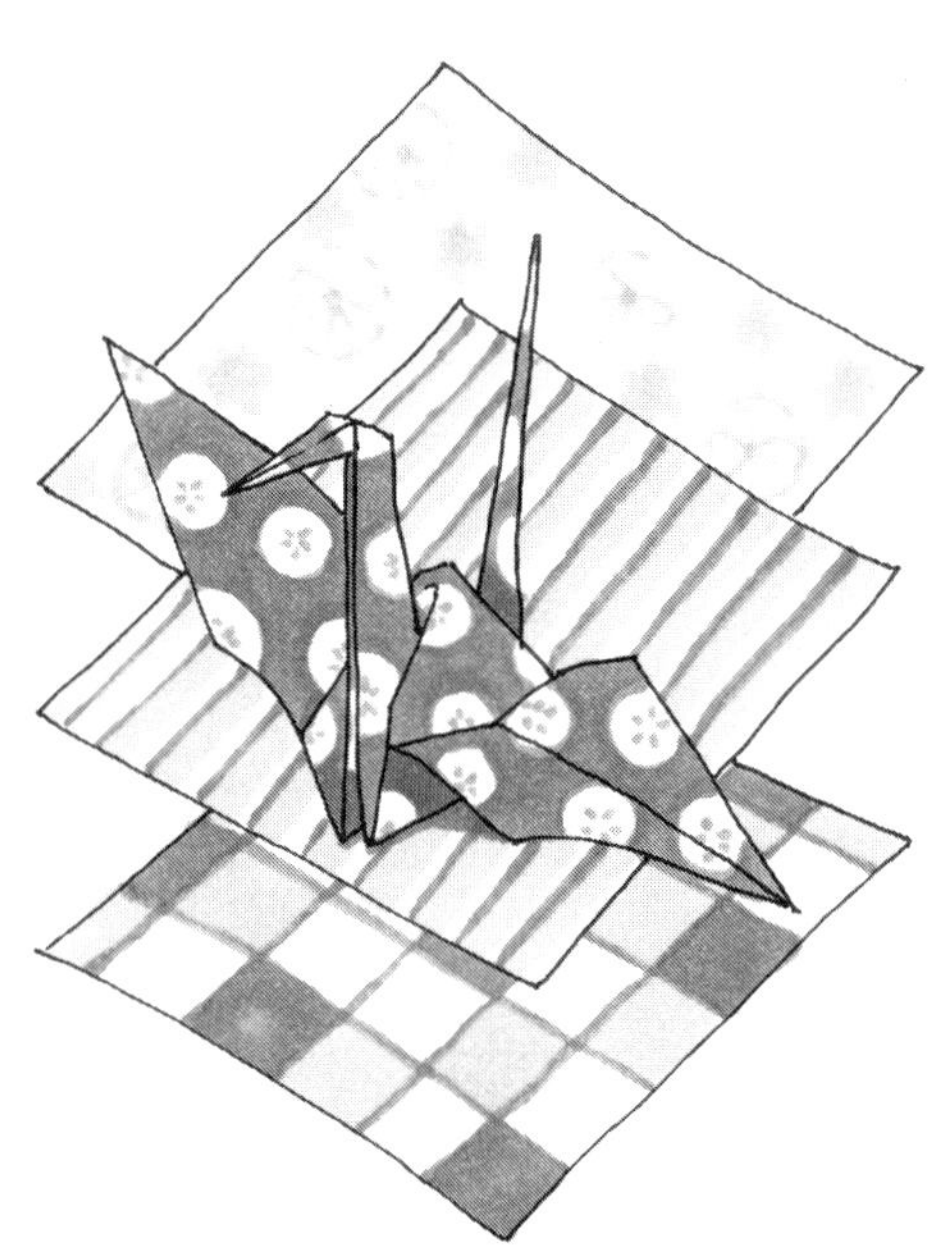

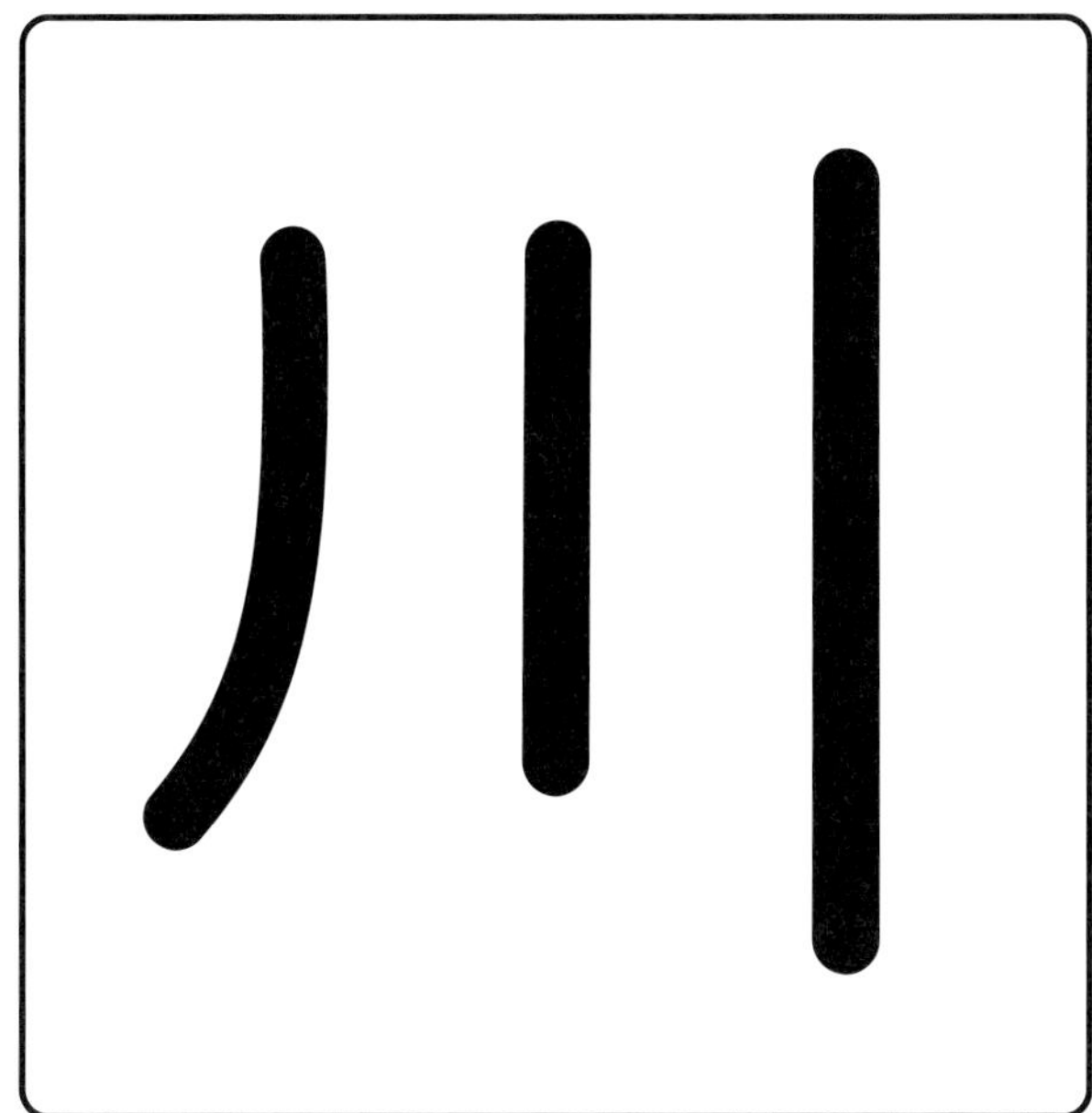

◆かわ
セン

●小(ちい)さな川（かわ）
川（かわ）を　わたる。
河川（か　せん）

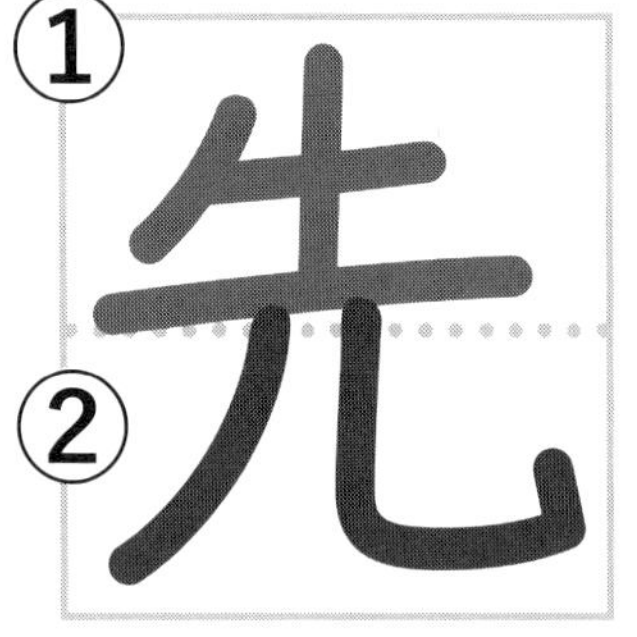

◆さき
●セン
行き先（さき）
先（さき）に帰る。
先生（せんせい）
先週（せんしゅう）

◆はや－い
はや－まる、はや－める
ソウ、サッ

●朝(あさ)が早(はや)い。
出番(でばん)が早(はや)まる。
帰(かえ)り時間(じかん)を早(はや)める。
学校(がっこう)を早退(そうたい)する。
早速(さっそく)返事(へんじ)をした。

早速＝すぐに。すみやかに。

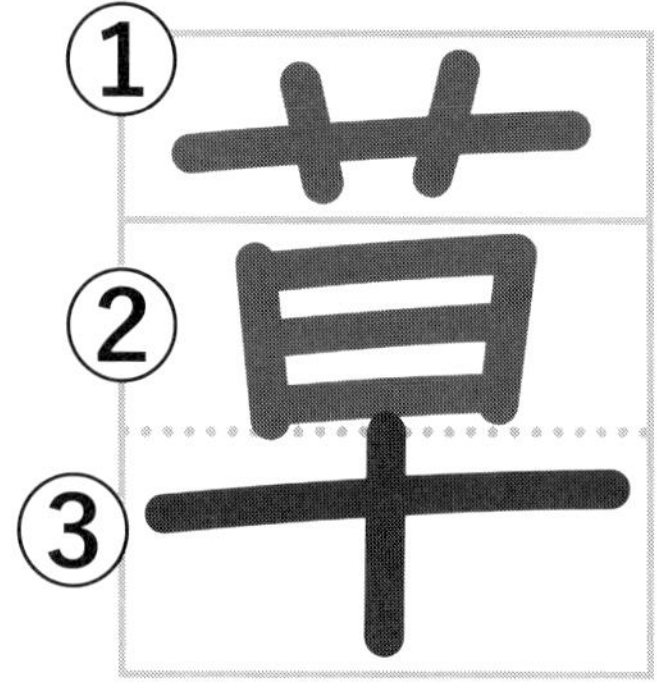

◆くさ

ソウ

●草（くさ）が生（は）える。

草木（くさき）

草原（そうげん）

薬草（やくそう）

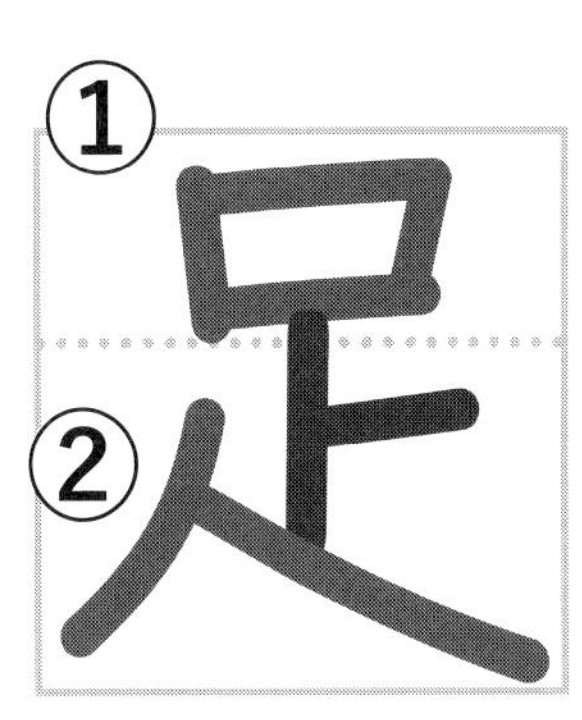

◆あし、

た－りる、た－る、た－す

ソク

●足（あし）あと

素足（すあし）

遠足（えんそく）

百円（ひゃくえん）で足（た）りる。

十（じゅう）に五（ご）を足（た）す。

← 足

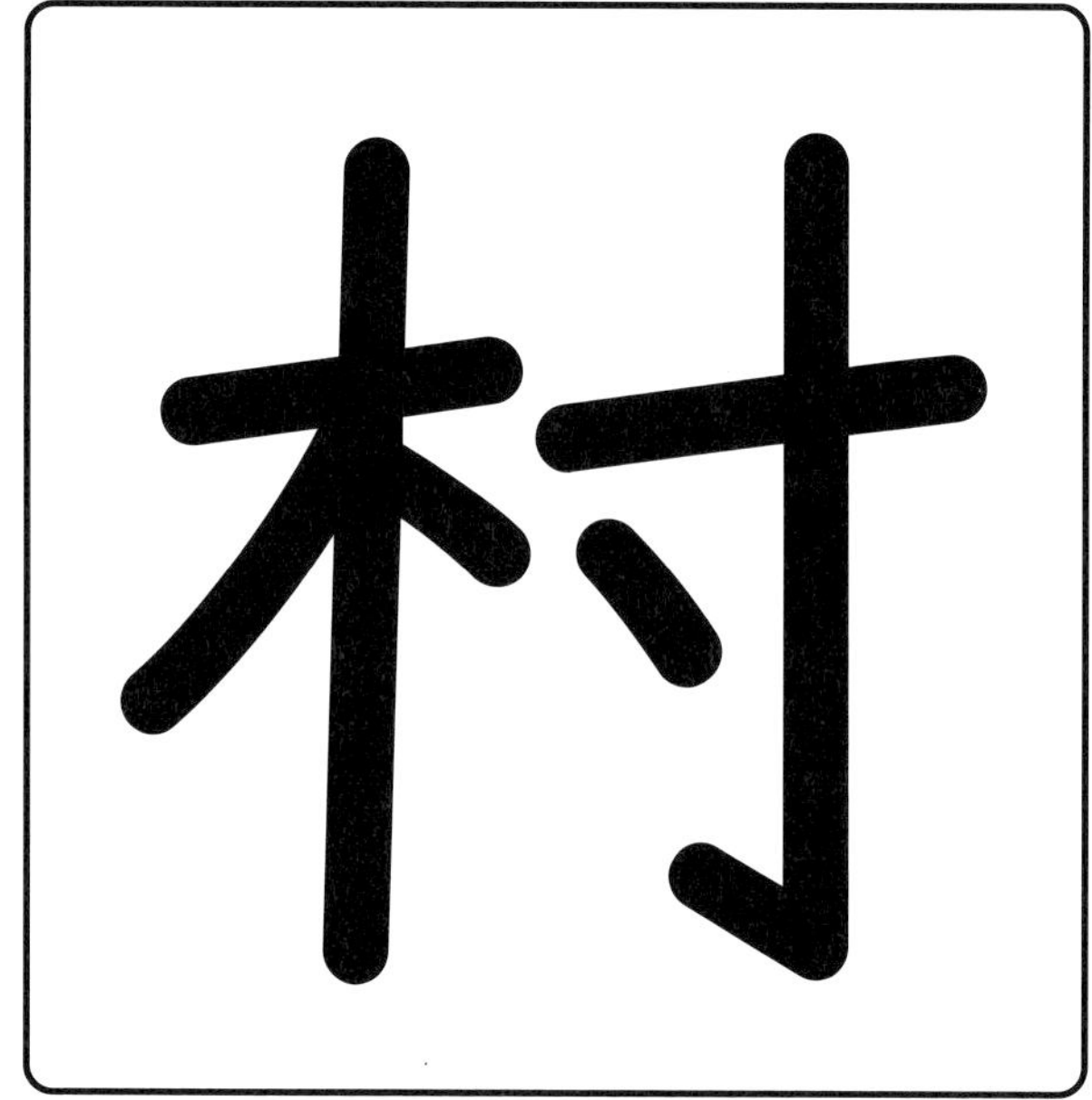

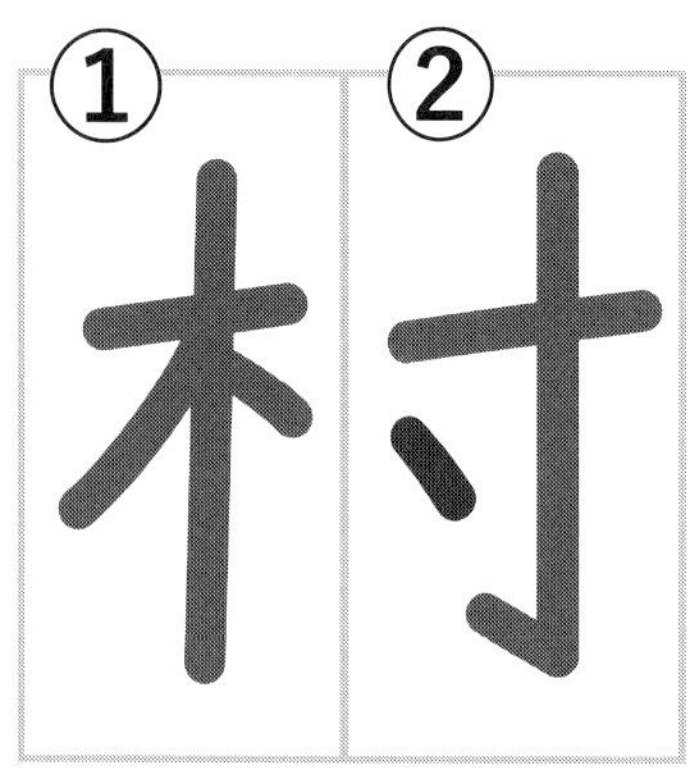

◆むら

ソン

●村（むら）の人口（じんこう）が増（ふ）える。

農村（のうそん）

村長（そんちょう）

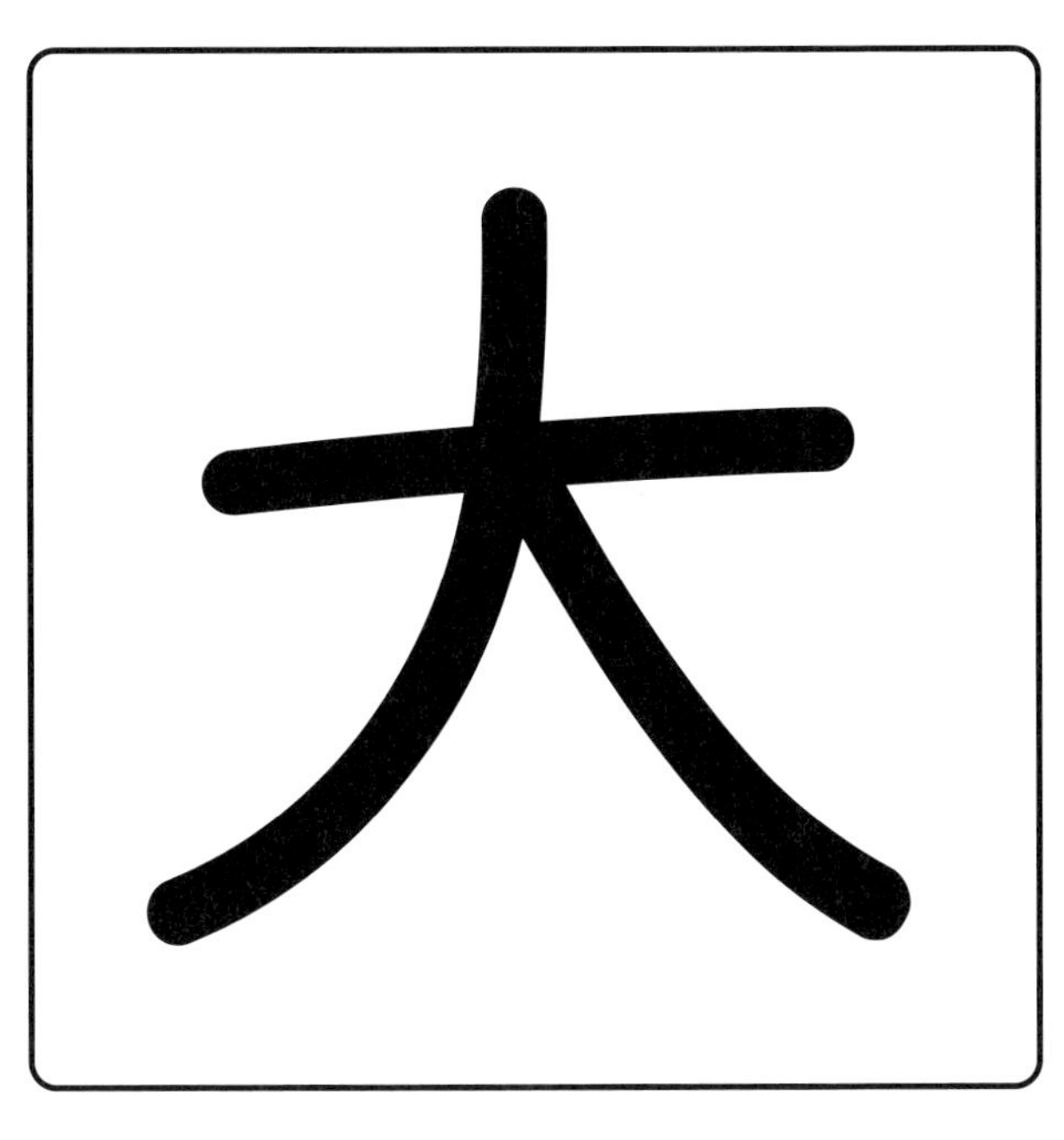

◆おお－きい

おお、おお－いに

ダイ、タイ

●大（おお）きい岩（いわ）

大雨（おお　あめ）

大（おお）いに満足（まんぞく）している。

大学（だい　がく）

大（だい）すき

大切（たい　せつ）

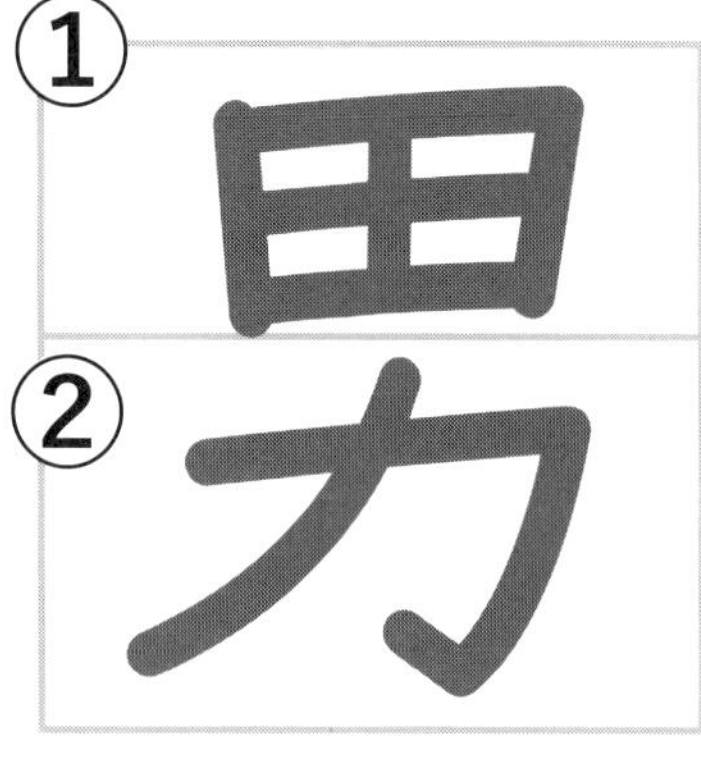

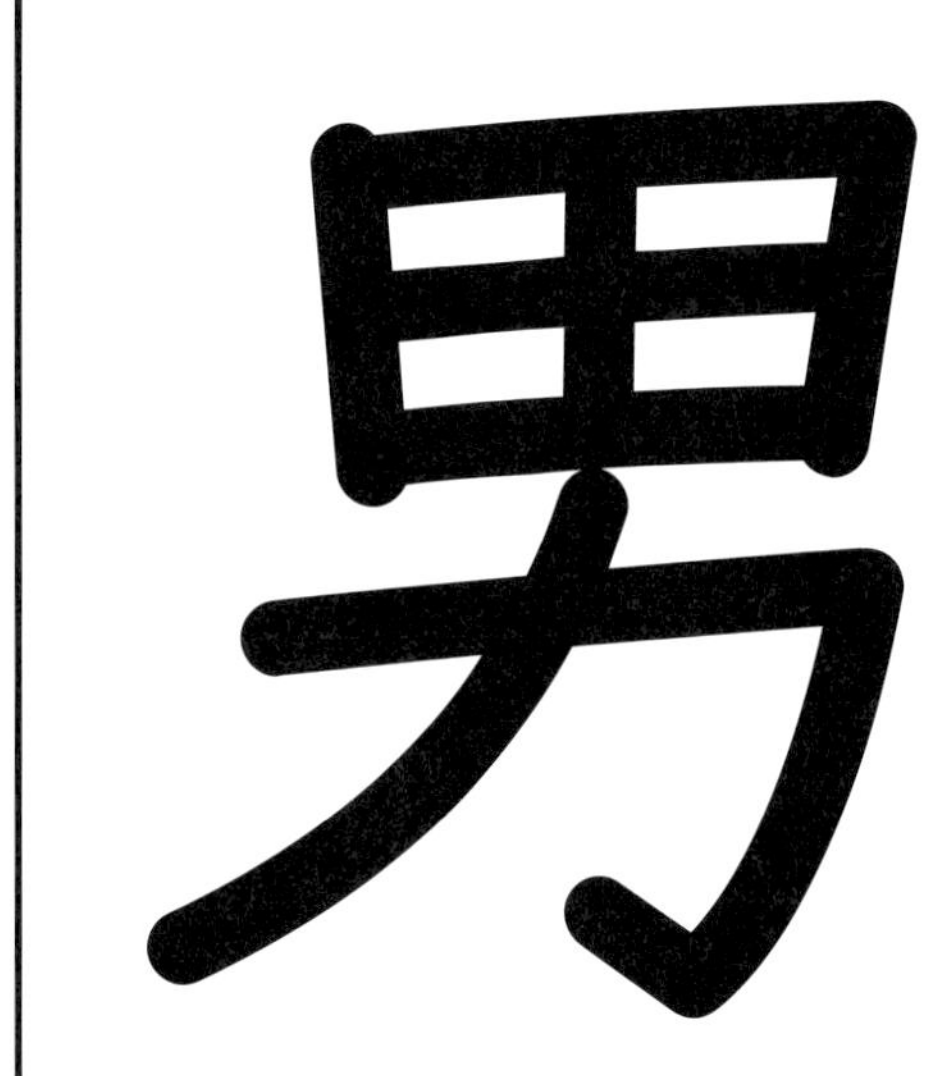

◆おとこ

ダン、ナン

●男（おとこ）の子（こ）

男女（だんじょ）

長男（ちょうなん）

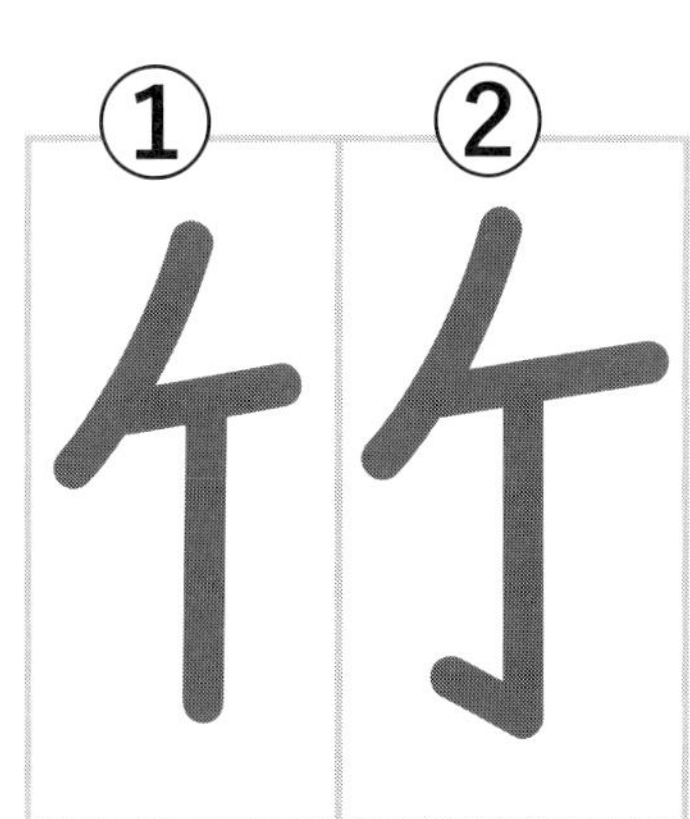

◆たけ
チク
●竹（たけ）とんぼ
竹林（ちくりん）

◆なか
チュウ、ジュウ
●部屋（へや）の中（なか）
中心（ちゅう しん）
一年中（いち ねん じゅう）

虫

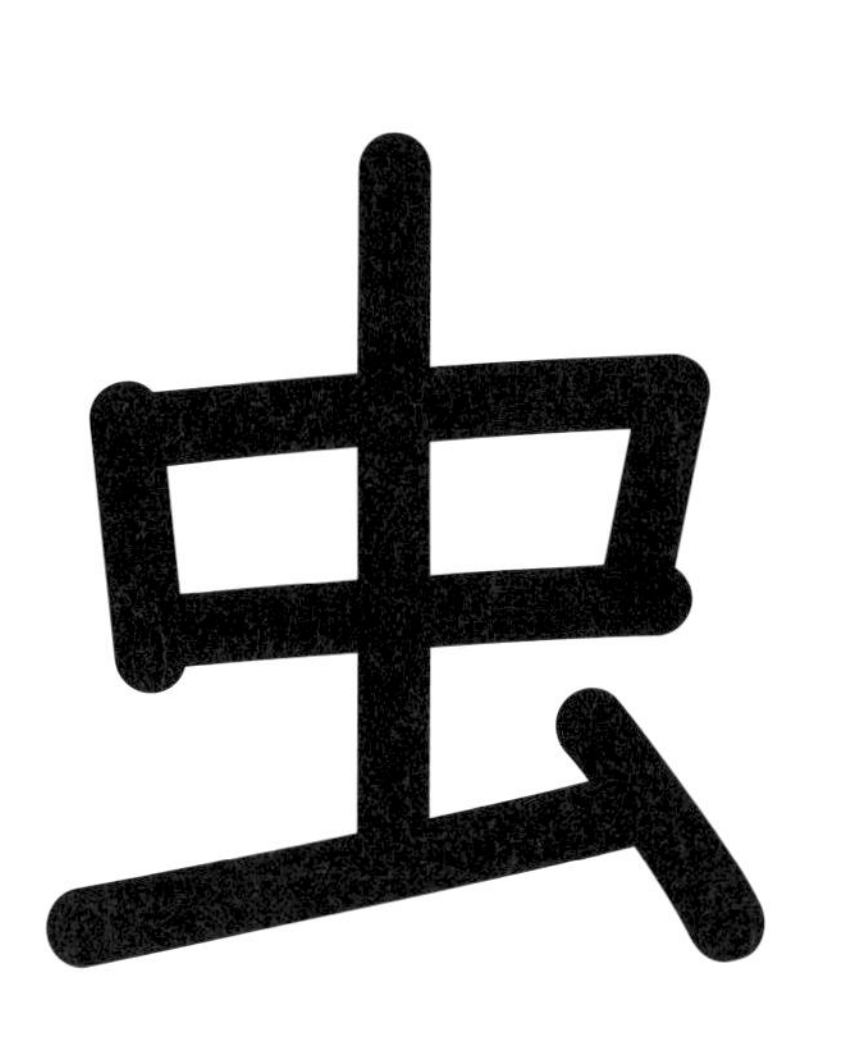

◆むし

チュウ

●虫（むし）を飼（か）う。

毛虫（けむし）

こん虫（ちゅう）

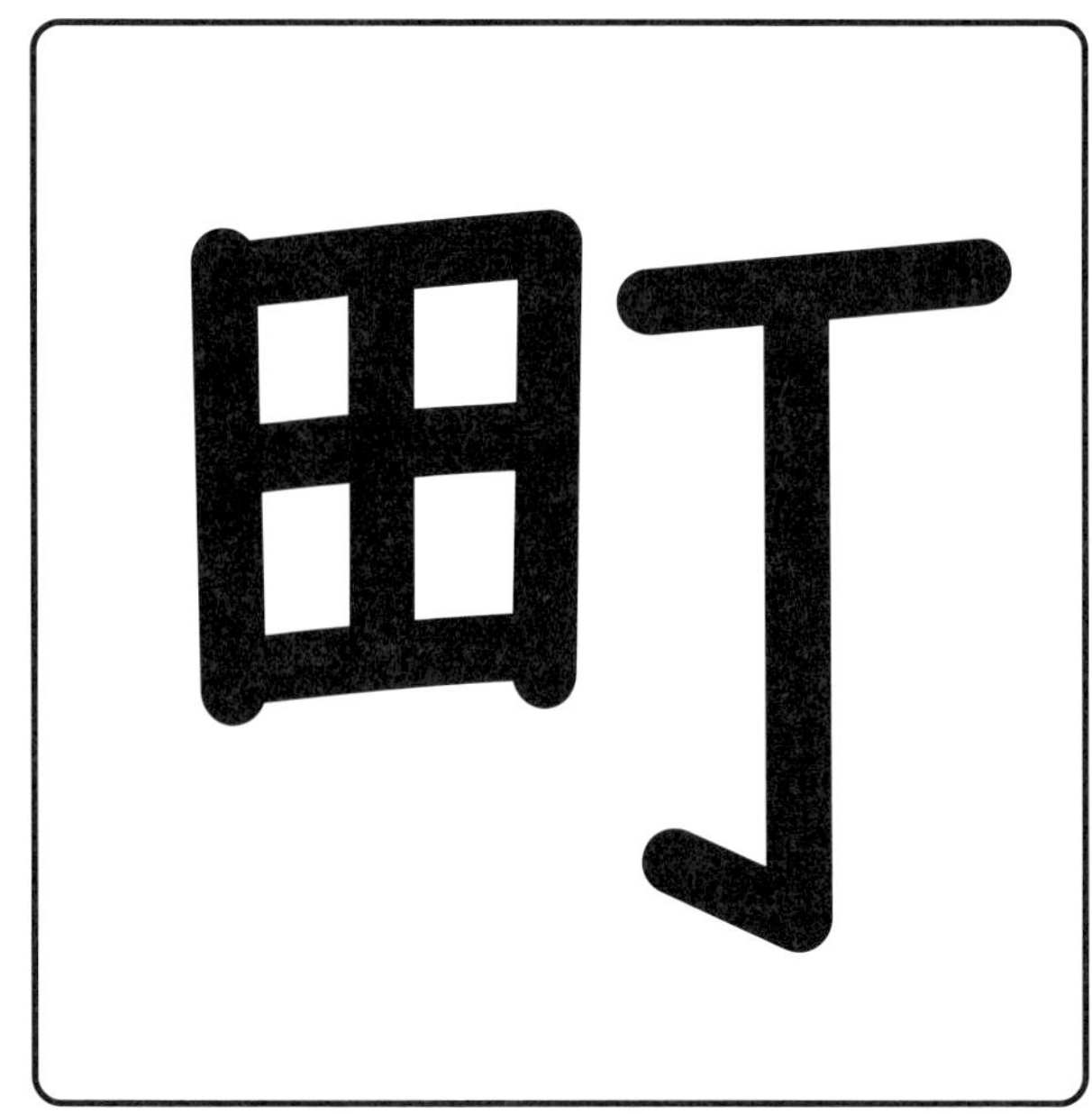

◆まち
チョウ
●町（まち）で一番（いちばん）大（おお）きな公園（こうえん）
町内（ちょうない）会（かい）

天

◆あめ、あま

テン

●天（あま）の川（がわ）

天気（てんき）

◆た

デン

●田畑（たはた）

水田（すいでん）

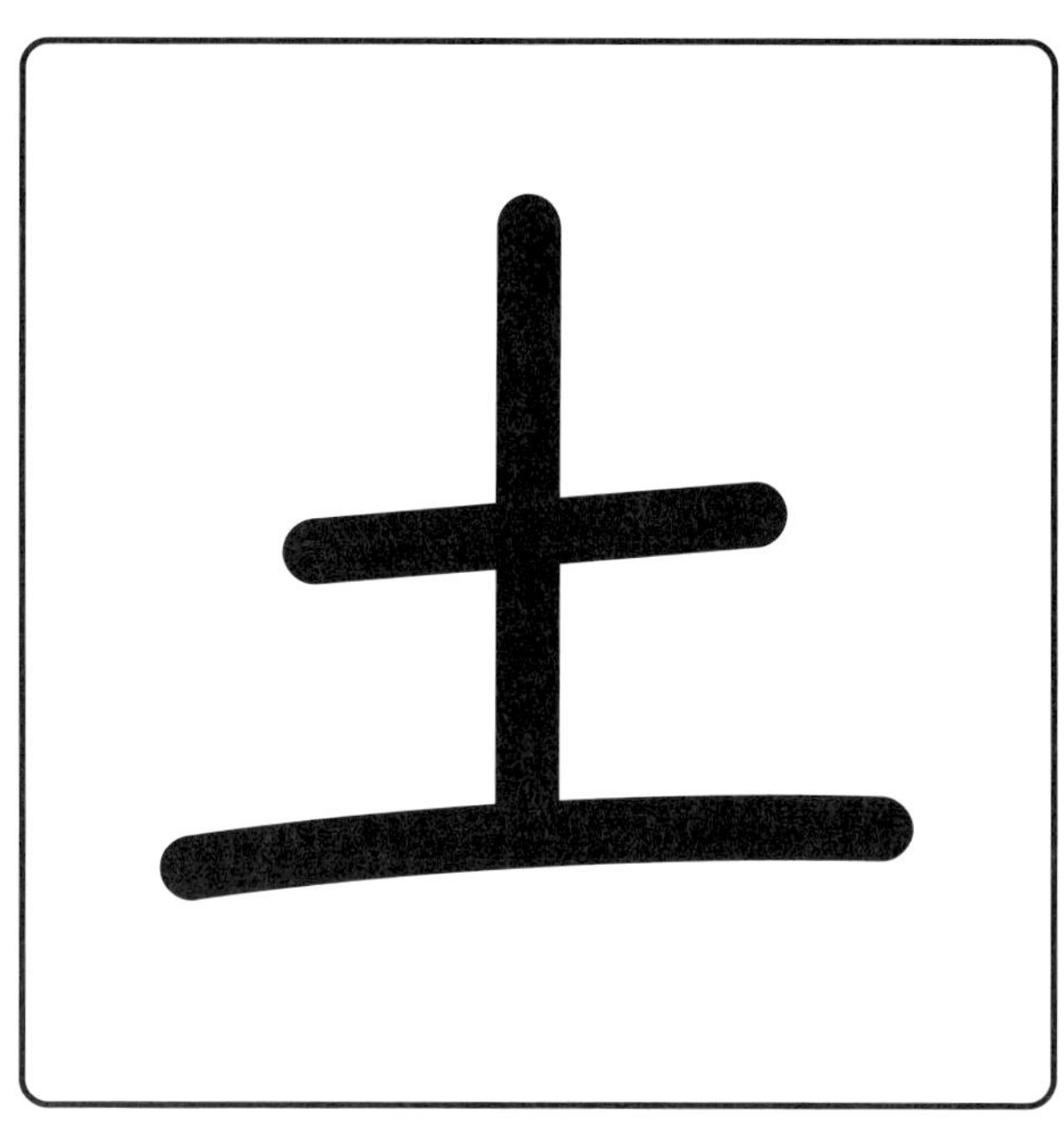

◆つち
ド、ト

●土（つち）をほる。
土曜日（どようび）
土地（とち）

◆ふた－つ、ふた

に

●二（ふた）つの意見（いけん）

二重（ふたえ）まぶた

二日（ふつか）＊

二月（にがつ）

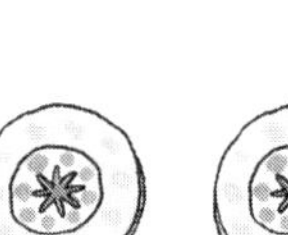
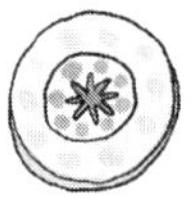

◆ひ、か
ニチ、ジツ

●日（ひ）が のぼる。
十日（とおか）
毎日（まいにち）
日曜日（にちようび）
本日（ほんじつ）

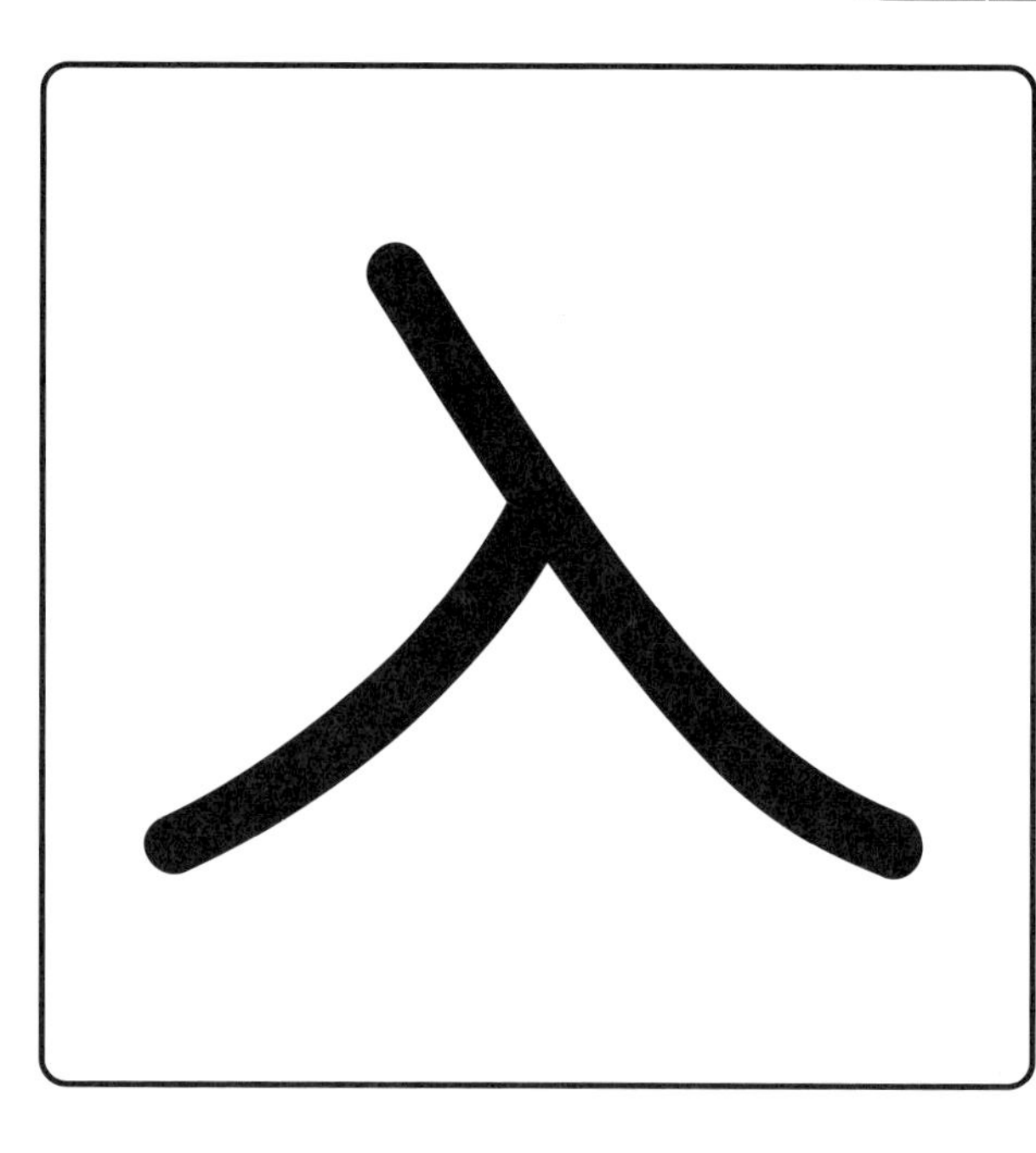

◆はいーる
いーれる、いーる
●ニュウ
部屋(へや)に入(はい)る。
水(みず)を入(い)れる。
赤(あか)いワンピースを気(き)に入(い)る。
入学(にゅうがく)
パソコンにデータを入力(にゅうりょく)する。

◆とし

ネン

●毎年（まいとし）行（おこな）うお祭（まつ）り

年月（ねんげつ）

生年（せいねん）月日（がっぴ）

◆しろ、しろ－い、しら
ハク、ビャク

●白組（しろ ぐみ）

白（しろ）い紙（かみ）

白雪（しら ゆき）

白衣（はく い）の医者（いしゃ）

白夜（びゃく や）

＝南極（なんきょく）や北極（ほっきょく）に近（ちか）い場所（ばしょ）で、夏（なつ）になると太陽（たいよう）が一晩中（ひとばんじゅう）しずまない日（ひ）が続（つづ）くこと。

◆やっーつ、や、やーつ、

よう

ハチ

●八(やっ)つの問題

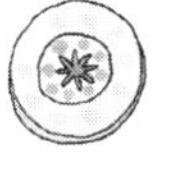

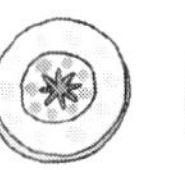
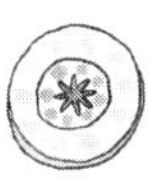

七転び八(や)起き

＝何度 失敗しても、 あきらめずに努力

することと。

八(や)つ切り

八日(ようか)

八月(はちがつ)

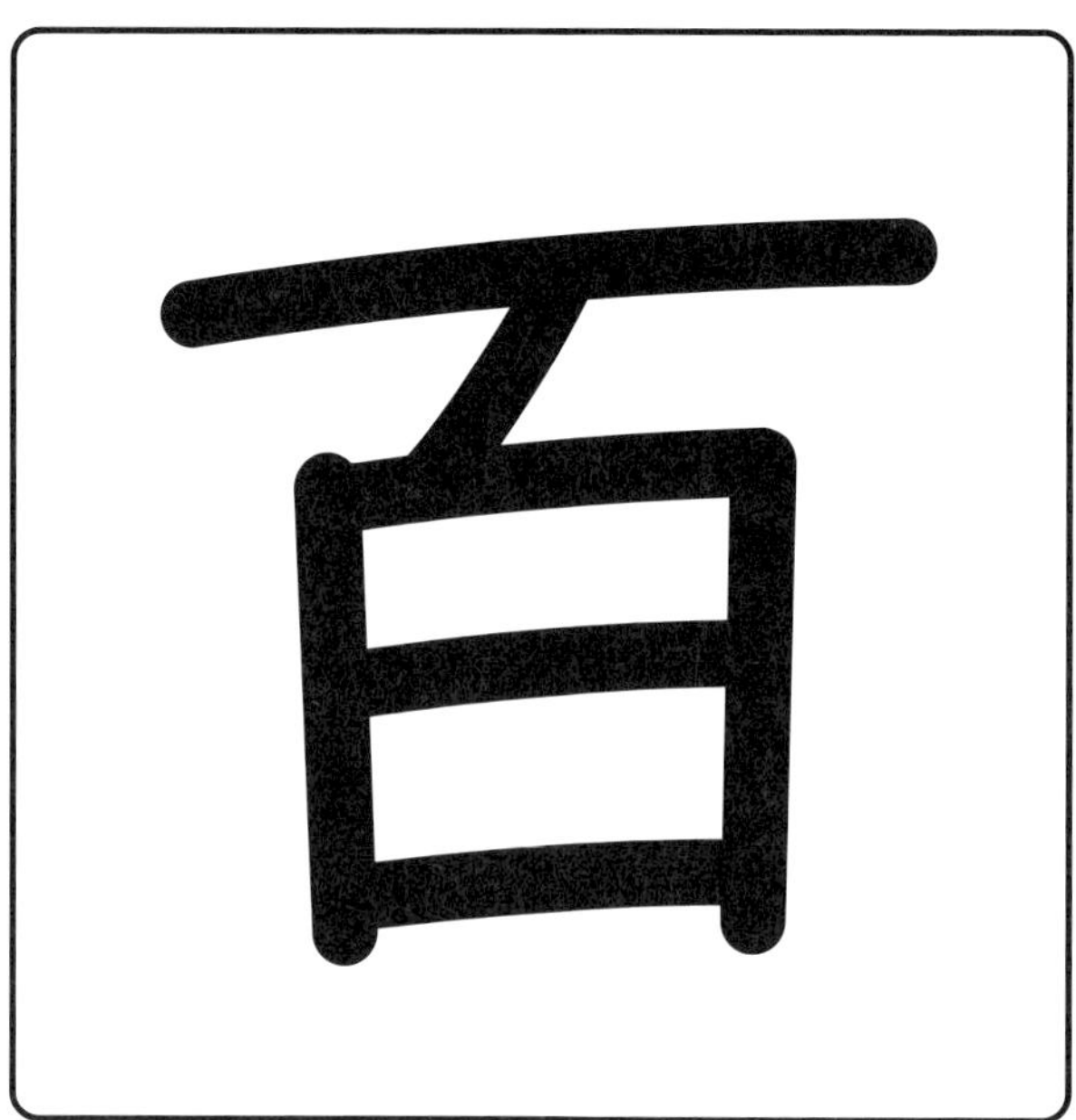

◆ヒャク

―

●百円（ひゃくえん）

百（ひゃく）の位（くらい）

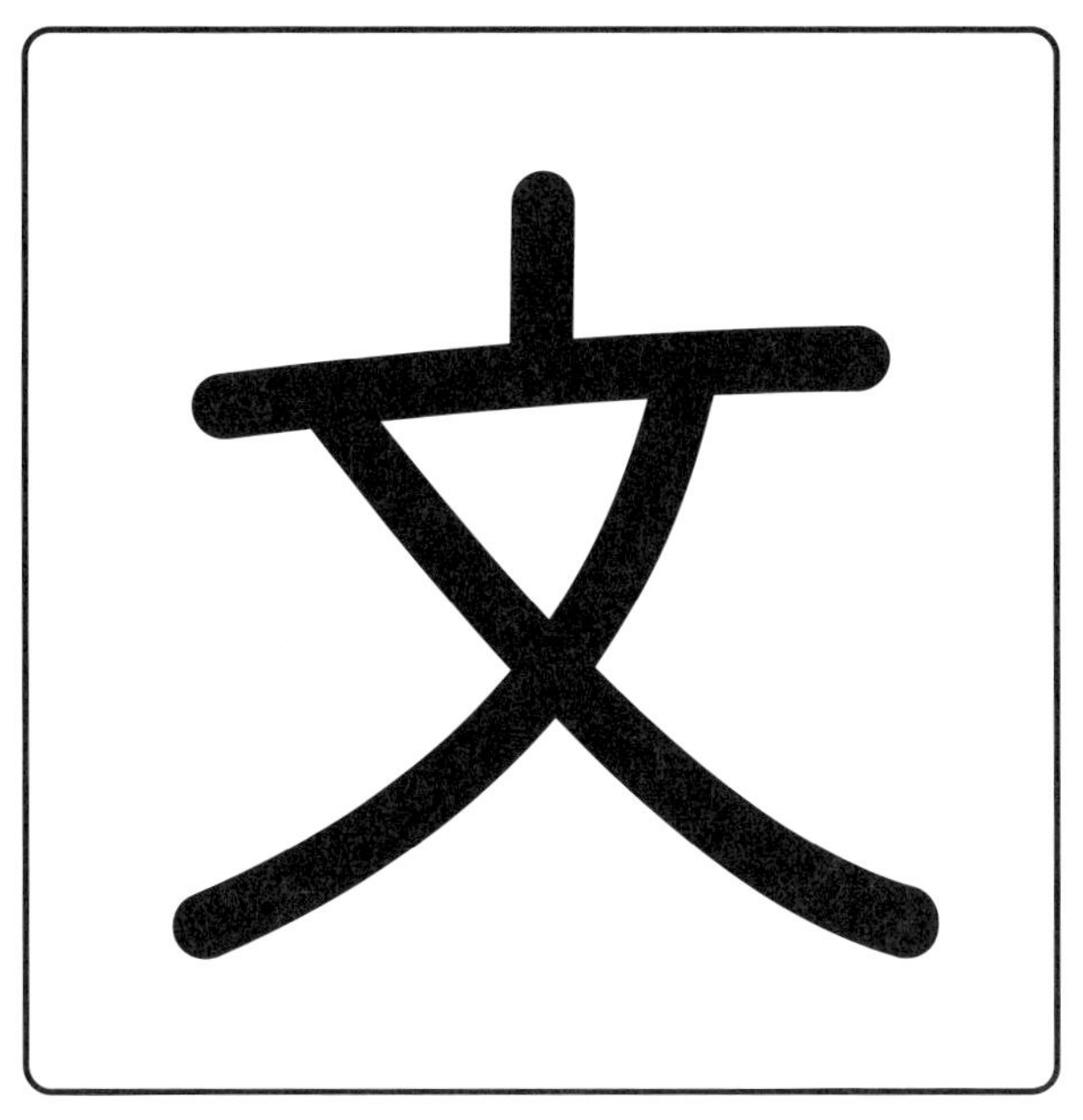

◆ふみ

ブン、モン

●文（ふみ）をやりとりする。

文（ふみ）＝手紙（てがみ）

文章（ぶんしょう）

文句（もんく）を言（い）う。

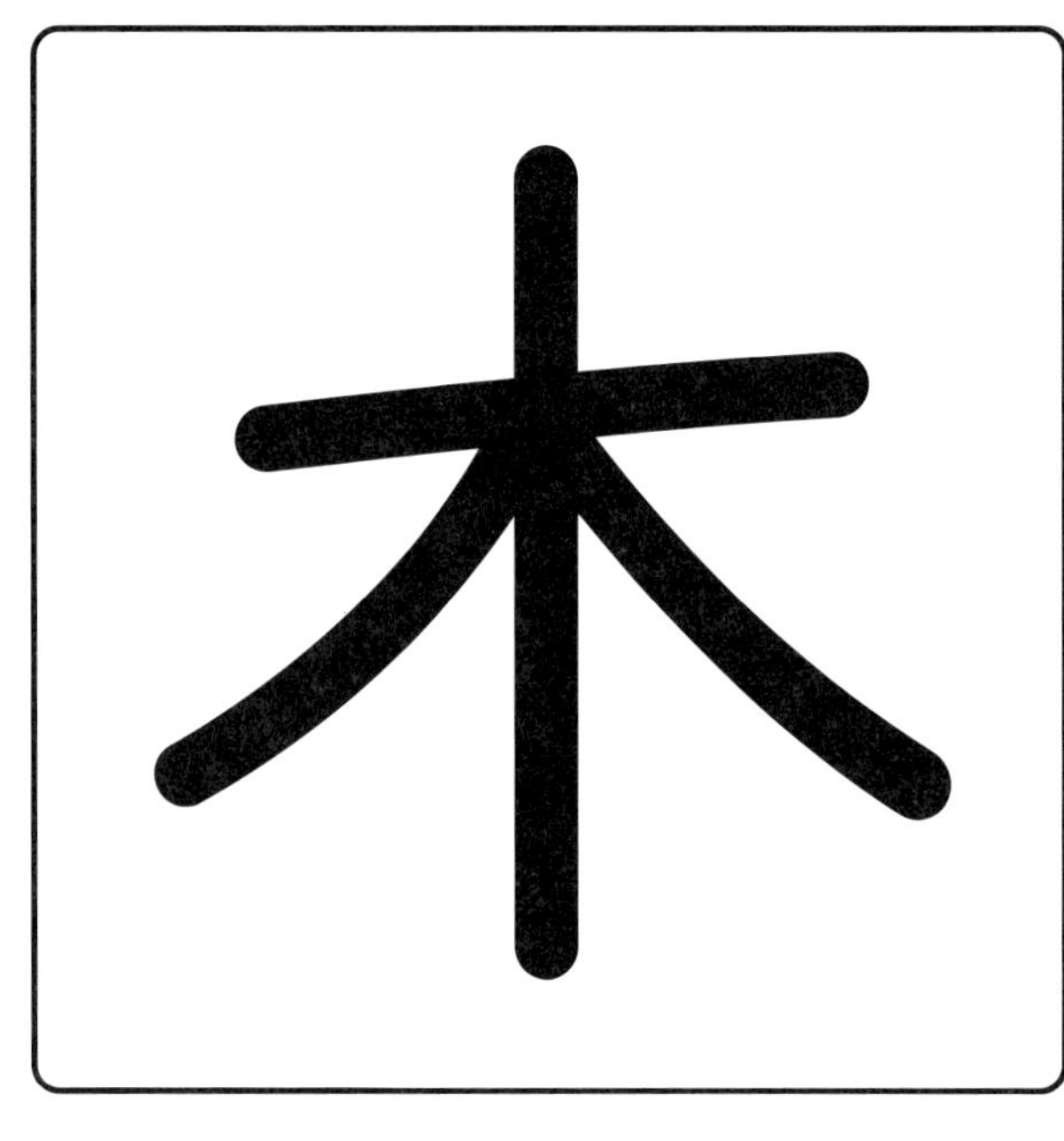

◆き、こ
モク、ボク
●高(たか)い木(き)
木(こ)かげ
木曜日(もくようび)
木製(もくせい)のおもちゃ
土木(どぼく)工事(こうじ)

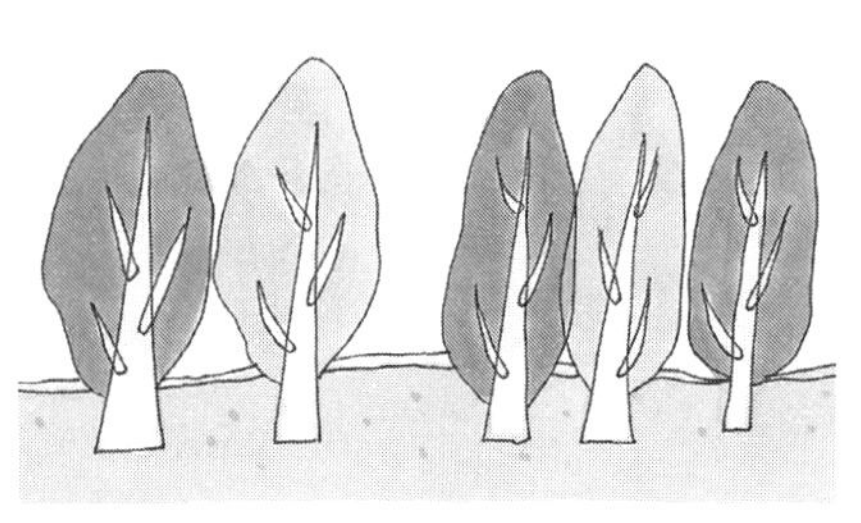

◆もと

ホン

●本（もと）を正（ただ）す。

＝ものごとの始（はじ）まりや原因（げんいん）をはっきりさせること。

絵本（えほん）

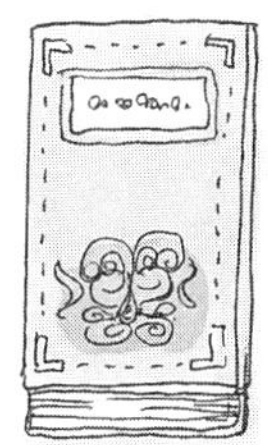

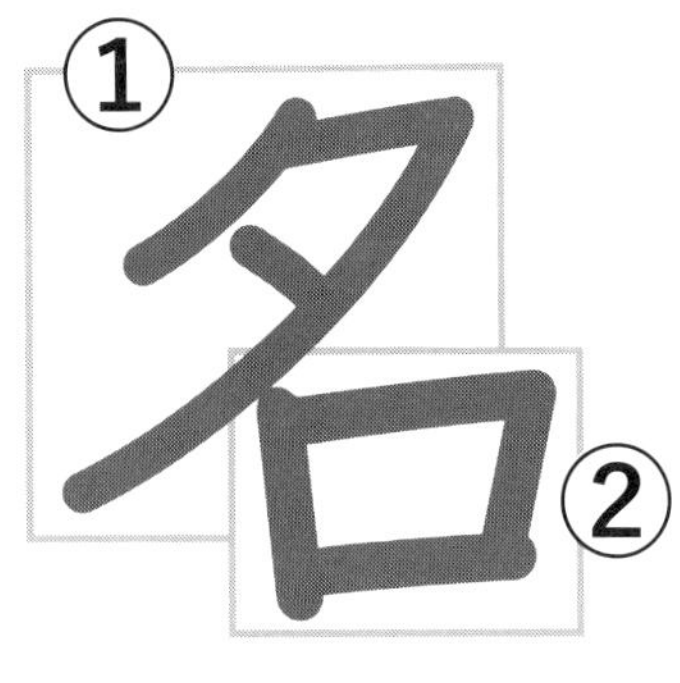

◆な
メイ、ミョウ
●名前（なまえ）
地名（ちめい）
名人（めいじん）
全員（ぜんいん）で三十（さんじゅう）名（めい）だ。
本名（ほんみょう）

◆め、ま

モク、ボク

●目（め）を開（あ）ける。

目玉（め　だま）

事故（じこ）を目（ま）の当（あ）たりにする。

目次（もくじ）

注目（ちゅう　もく）

面目（めん　ぼく）ない。

＝はずかしくて人（ひと）に合（あ）わせる顔（かお）がない。

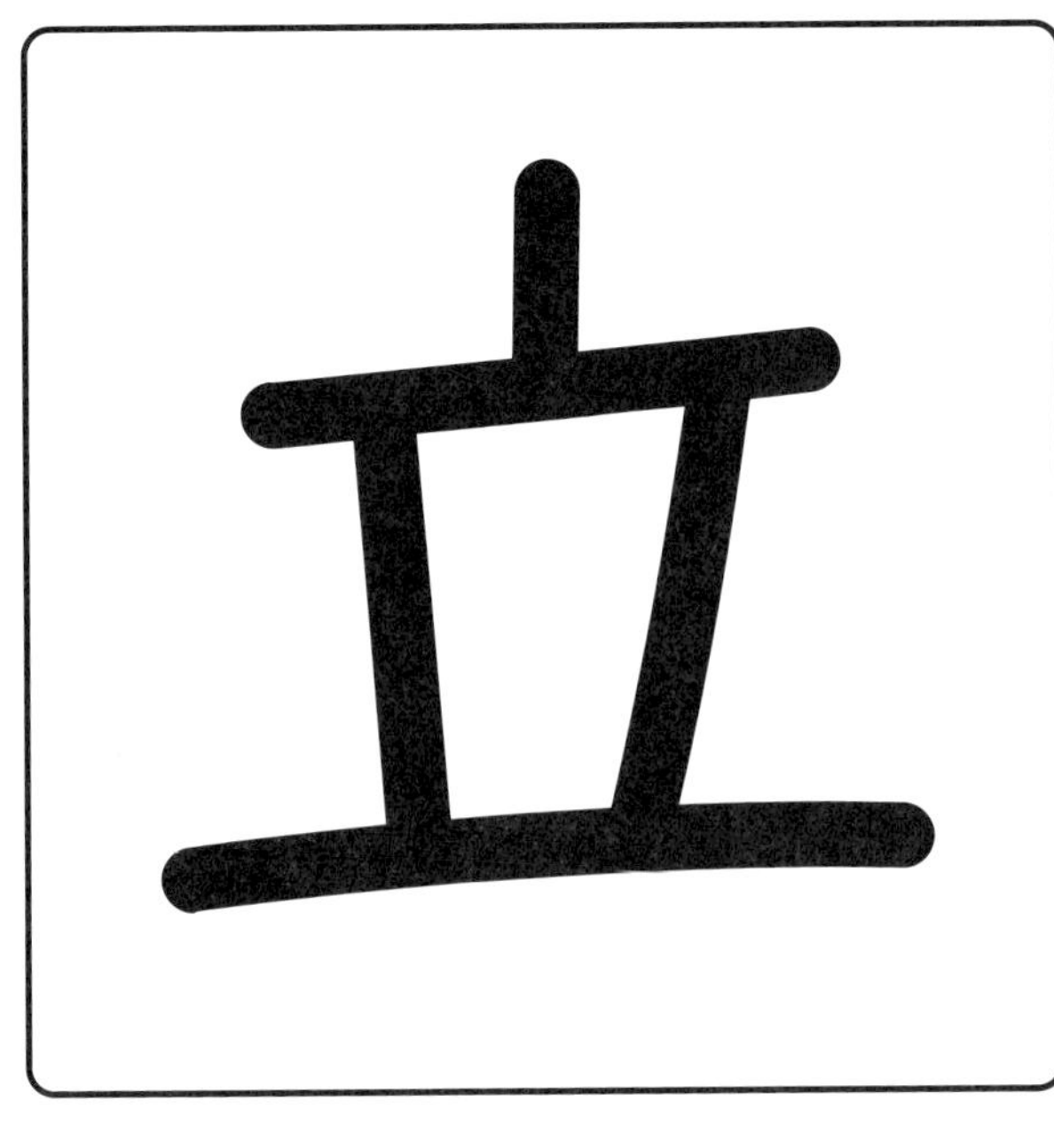

◆たーつ、たーてる
リツ、リュウ

●席(せき)を立(た)つ。
柱(はしら)を立(た)てる。
起立(きりつ)
建立(こんりゅう)＝寺院(じいん)を建(た)てること。

立

◆ちから
リョク、リキ
●みんなで力（ちから）を合（あ）わせる。
体力（たいりょく）
自力（じりき）

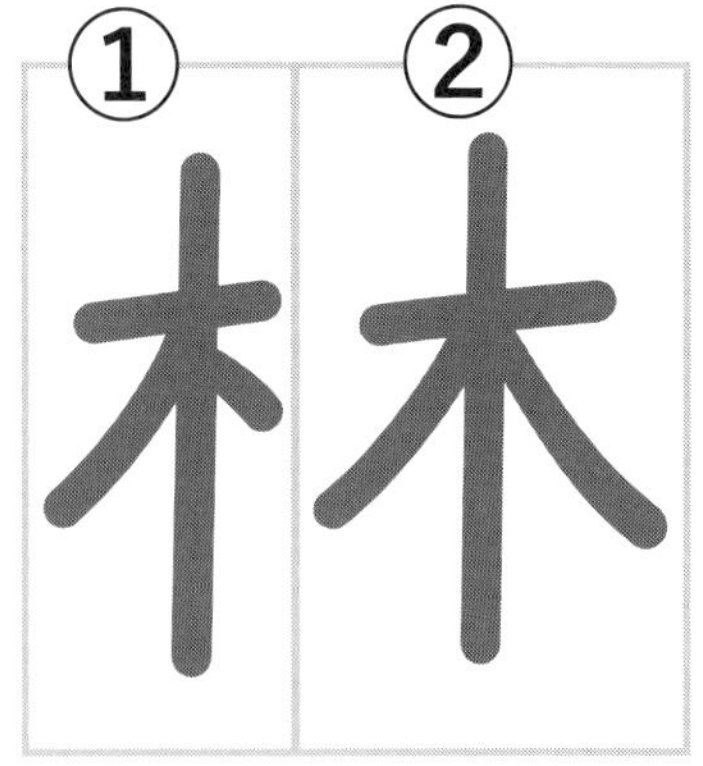

◆はやし
リン

●松(まつ)の林(はやし)
森林(しんりん)

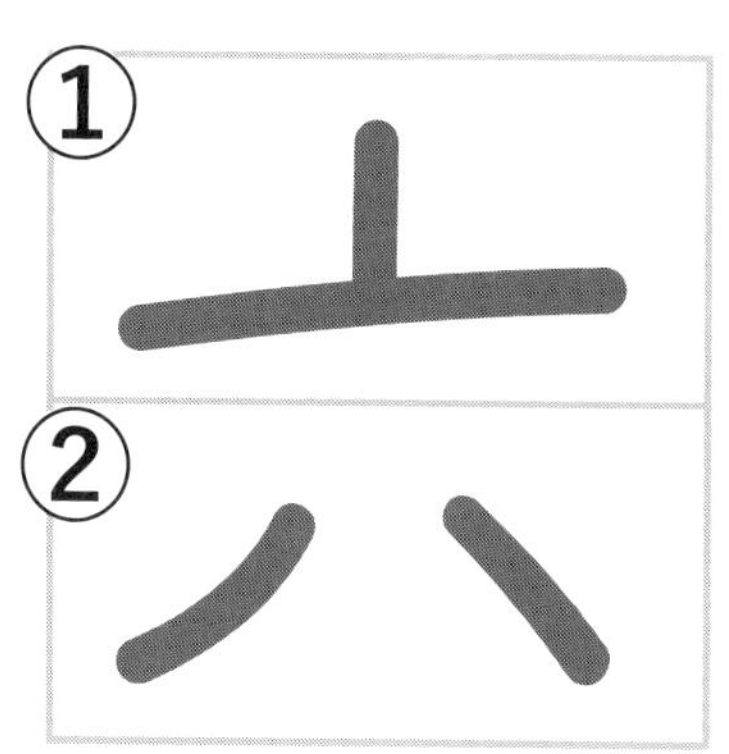

◆むっーつ、む、むーつ、むい

ロク

●六（むっ）つの部屋（へや）

六（む）つ子（ご）

六日（むいか）

六月（ろくがつ）

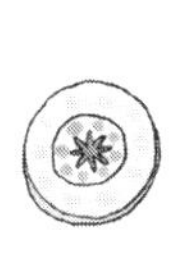

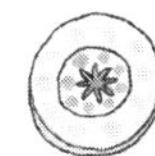

―大きな文字でわかりやすい―

小学生で習う漢字1026字

【1年　80字】

2023年11月1日初版発行

［発行・編集製作］

有限会社 読書工房

〒171-0031

東京都豊島区目白2-18-15

目白コンコルド115

電話：03-6914-0960

ファックス：03-6914-0961

Eメール：info@d-kobo.jp

https://www.d-kobo.jp/

［表紙・本文デザイン］

諸橋 藍

［フォント製作］

有限会社 字游工房

［本文イラスト］

近藤理恵

［表紙キャラクターデザイン］

森 華代

［内容構成に関する助言・内容チェック］

大隅紀子

三宅洋信

［用例作成・校正協力］

石井裕子

國方滋美

［用紙］

株式会社 西武洋紙店

［印刷製本］

株式会社 厚徳社

［出版助成］

一般財団法人 日本児童教育振興財団